AF245461

CONTENIDO

CAPÍTULO 7

CAPÍTULO 8

EL ESPÍRITU GUERRERO

DEDICATORIA

Isabela

Tu amor y tu fuego son el motor de mi alma. Tu amor es constante y tu fuego imparable. Me has enseñado a amar las cosas más sencillas, pero también me has enseñado a luchar sin temor. Tu espíritu guerrero ilumina todo a mi alrededor, pero sobre todo ilumina todo en mi interior. Me has enseñado a nunca rendirme, a creer que las cosas pueden cambiar si tan solo nos atrevemos a intentar. En medio de las tormentas eres mi ancla, y en medio de la oscuridad eres mi luz. Gracias por amarme aun cuando no lo he merecido. Que tu fuego no se apague jamás. Tú me mostraste lo que significa un espíritu guerrero; por eso este libro está dedicado a ti. Te amo con más intensidad que ayer.

Lucas

Estoy orgulloso de ti y de quien eres; tu vida es un regalo para el mundo. Este libro está dedicado a ti: nunca dejes de soñar ni de imaginar, porque no existe nada que no puedas alcanzar. Dentro de ti está todo el potencial para vivir una vida llena de pasión y de amor. Es mi oración que descubras lo que enciende tu interior y que vivas con todo tu corazón. Quiero que sepas que, sin importar dónde esté, es tu mirada la que me impulsa a volar. Cuando leas esto recuerda que tu padre te ama infinitamente y que estaré a tu lado para siempre.

Bruno

Que tu curiosidad y tu paz nunca se aparten de tu vida. Este libro está dedicado a ti, porque tienes el fuego de tu madre y la sabiduría de tu padre. Espero que en estas páginas encuentres propósito, pero sobre todo que encuentres valor. Que mis palabras te acompañen siempre, así como te acompaña mi amor.

*Para los que pelean contra las
sombras de la mente, del dolor y
de la adversidad: que estas páginas
enciendan un fuego invencible.*

"UN GUERRERO ESTÁ LISTO
PARA LA BATALLA CUANDO
LLEVA PAZ EN LA MIRADA Y
FUEGO EN EL ALMA"

XAVIER CORNEJO

PRÓLOGO

A Xavier lo conocí gracias a nuestro querido Otoniel Font. Apenas nos vimos, la conversación giró de inmediato hacia lo que a ambos nos apasiona: los libros. Era inevitable; entre nosotros, hablar de lecturas era como hablar de la vida misma. Fue en Buenos Aires, en mi oficina.

Dios permitió que esa afinidad se convirtiera en un camino compartido. Viajamos a distintos países y, como dos chicos, recorrimos librerías de viejos, perdiéndonos entre estantes polvorientos y tesoros olvidados. En uno de esos viajes yo compré cien libros, y Xavier, con el mismo entusiasmo, se llevó unos cincuenta. Entre cafés y comidas largas, hablábamos de títulos, de autores y también de lo que realmente nos sostiene: nuestra fe. Allí, entre páginas antiguas y conversaciones nuevas, nació una amistad sincera. Compartimos también sobre nuestras familias, sobre la vida y, cómo no, sobre más libros.

Su pasión por escribir me contagió desde el primer momento. Esa misma pasión está condensada en estas páginas y tiene nombre propio: su espíritu guerrero. En este libro Xavier nos recuerda que la fortaleza interior es la clave para seguir hacia el propósito que cada ser humano tiene dentro de sí. Como Caleb, aquel guerrero del antiguo Israel que, aun rodeado de dudas, se atrevió a declarar: "¡Vamos ahora a conquistar!", el autor afirma que un espíritu fuerte siempre triunfa.

Y así como dicen las Escrituras, no somos simplemente vencedores, sino más que vencedores. Esa es la fuerza de un espíritu guerrero: su victoria no se limita a sí mismo, sino que inspira y levanta a otros a seguir luchando. Y cuando vamos acompañados de la mano de Jesús, el más fuerte de todos, la victoria está asegurada.

Con el tiempo volvimos a viajar, esta vez para dar charlas y animar a otros en diferentes países. Y algo cambió: cuando entrábamos a las librerías de viejos, yo llevaba varias decenas de libros, mientras que Xavier salía con varios cientos bajo el brazo. ¡El alumno superó al maestro… y de qué manera! Un espíritu fuerte no se apaga con las derrotas, ni se detiene con las imposibilidades. Su fuego permanece. Eso es lo que este libro enciende: la convicción de que un espíritu guerrero siempre encuentra la manera de levantarse y de inspirar a los demás a hacer lo mismo.

BERNARDO STAMATEAS
Autor superventas mundial de la autoayuda
y del éxito de ventas *Gente tóxica*.

INTRODUCCIÓN

Hay un secreto que he guardado en mi corazón por años, y creo que ya es tiempo de dejarlo salir al mundo. Hasta ahora, solo las personas más cercanas a mí lo sabían: mi esposa, mi hijo, mis hermanas, y mis padres. He mantenido la lista corta, como si se tratara de un tesoro escondido. Pero hoy es el día en que tú también sabrás algo sobre mí que pocos conocen: ¡me encanta el anime!

Wow, qué alivio siento ahora. Aunque tal vez hubiera sido más fácil confesarlo cuando era más joven, y decirlo no se sentía tan extraño. En ese momento no me preocupaba por las miradas curiosas, como las que recibo en el avión al ver a un hombre de mi edad disfrutando lo que algunos llaman dibujos animados.

Para quienes no están familiarizados con el anime, es mucho más que simples 'dibujos animados'. Es un estilo de animación japonés que no solo entretiene, sino que explora temas profundos y universales. En su esencia, el anime aborda los dilemas más complejos del ser humano: la lucha por la identidad, el peso de la toma de decisiones, la búsqueda de propósito, y los límites de nuestras relaciones.

Sus mundos de ficción están llenos de personajes heroicos y villanos complejos que enfrentan preguntas similares a las que nosotros nos hacemos: sobre el significado de la vida, el amor, el sacrificio y la superación personal.

Las aventuras que viven estos personajes son tan variadas como la imaginación misma: desde historias de fantasía épica, con héroes que desafían a los dioses, hasta relatos más íntimos de estudiantes que descubren quiénes son realmente. Hay historias sobre viajes a otros mundos, competencias deportivas que desafían lo imposible, revisiones de épocas antiguas, e incluso apocalipsis llenos de zombis o invasiones alienígenas. Cada serie es un reflejo de las preocupaciones y aspiraciones humanas, envueltas en capas de aventura y emoción. El mundo del anime es vasto, un lugar donde todo es posible, y cada historia tiene algo único que enseñar.

No sé si lo soy, pero me considero un artista. Me fascina ver las distintas formas de dibujo y las perspectivas únicas que cada director y estudio nos ofrecen. La diversidad artística dentro del anime no tiene límites: desde el trazo más sencillo hasta el diseño visual más intrincado y complejo, todo sirve para contar una historia. Pero más allá de lo visual, una de mis grandes pasiones es el *storytelling*. Cada historia en el anime me enseña algo sobre lo que significa ser humano. Me hace reflexionar, no solo sobre los personajes, sino sobre mi propia vida. La magia de las historias radica en su poder para transportarnos a lugares que jamás hemos visitado y enseñarnos lecciones que nunca habríamos aprendido de otra manera.

Cuando veo anime, no estoy viendo simples dibujos animados. Veo imaginaciones en acción, entendiendo los pensamientos y sentimientos de personas al otro lado del mundo. Aprendo de sus dudas, sus miedos y sus motivaciones. Pero, sobre todo, me inspira profundamente la transformación de los héroes en estas historias: personas comunes y corrientes que, a través del esfuerzo y la perseverancia, logran lo imposible. Al principio, nadie cree en ellos, pero al final, sin ellos, su mundo estaría perdido. Esa es la belleza del anime y, para mí, la esencia de la vida misma: que todo ser humano tiene la capacidad de convertirse en un héroe en este mundo, sin importar cómo empezó o cuántas personas estaban a su alrededor. Cuando aportas al mundo lo que solo tú tienes, te conviertes en el héroe que nuestro mundo necesita.

¿Dónde empezó mi gusto por el anime?

He tratado de recordar cómo y cuándo comenzó mi gusto por el anime, y lo único que logro recordar con claridad es la influencia de mi padre. Su género favorito de películas siempre ha sido la acción. Recuerdo que veíamos muchas películas juntos. A él le encantaban, aunque solía reírse de lo exageradas que eran las acrobacias y las situaciones imposibles que los actores enfrentaban. No cabe duda de que fue él quien me transmitió el gusto por las películas de acción.

Otro recuerdo que me acerca al mundo del anime, aunque diferente, son las películas chinas de artes marciales. Todos los 24 de diciembre por la tarde, mis papás nos "obligaban" a mis hermanas y a mí a tomar una siesta para estar listos para la Nochebuena en casa de los abuelos. Era una de nuestras tradiciones más queridas. Sin embargo, nunca fui capaz de dormir por la tarde. Mientras mis hermanas descansaban y mis padres (supongo) envolvían regalos, yo me quedaba viendo televisión. Lo único que captaba mi atención eran las películas chinas de artes marciales, como "Las Palmas Yulay" (conocida también como "Palma mágica de Buda"). Estas historias me hacían creer que, tal vez, algún día yo también lograría desarrollar poderes extraordinarios, que incluso podría llegar a ser un héroe.

Después llegó la serie que marcaría mi vida: Robotech. Esta serie mostraba aviones que se transformaban en robots para luchar contra fuerzas alienígenas invasoras que querían conquistar la Tierra. Mi favorito era el robot rojo piloteado por Rick Hunter. Me fascinaba imaginarme volando por el espacio en uno de esos aviones que podía convertirse en robot. Soñaba que quizá algún día yo también podría volar y explorar el espacio exterior, pero en mi mundo interior sabía que no tenía el valor ni la fuerza para hacerlo en la vida real. Durante ese tiempo las aventuras llenaban mi mundo, y mi género favorito de películas era el de aventuras, especialmente si incluían acción.

La profundidad vendría al despertar de mi amor por la lectura

Amo los mundos de ficción. Aunque mi esposa muchas veces me recuerda que esos mundos no son reales, siempre se han sentido reales para mí. He aprendido tantas lecciones a través de ellos: desde la perseverancia para seguir adelante, el esfuerzo por ser mejor y luchar por las personas que amo y me aman, el poder de la amistad; hasta la importancia de no desistir en mis sueños. De hecho, muchas veces he tomado prestado su valor para poder ser valiente en el mundo real. El impacto ha sido tan profundo en mi vida que incluso mi esposa ha llegado a ver algunas series conmigo y las disfruta. Pueden preguntarle, y les confirmará que no lo hace por obligación sino por gusto, eso espero.

Además del anime, otra de mis pasiones es la lectura. Es un interés que ha crecido enormemente en los últimos años gracias a una persona: Bernardo Stamateas. Desde que comencé a trabajar con él, mi amor por los libros ha alcanzado nuevas dimensiones. Sus escritos son impactantes, pero más aún lo es su amor por la lectura. Recuerdo un viaje que hicimos juntos a Bogotá, Colombia. Bernardo mencionó que quería visitar librerías de libros usados, y lo que pensé sería una breve visita, se transformó en una verdadera "cacería de libros". Desde la hermosa librería Torre de Babel, en un cuarto piso al cual se sube por un pequeño callejón a puerta cerrada, hasta la fantástica librería Merlín, donde hacia cualquier lado que mires hay libros de todos los tamaños, colores y sabores… aunque más bien debería decir "hacia cualquier lado que mires hay mundos llenos de oportunidades por explorar". Buscamos durante horas títulos antiguos y temas interesantes, y en ese viaje llegué a comprar cincuenta libros. Lo que para mí parecía una enorme pila de libros, para Bernardo era solo una pequeña colección al lado de los más de cien libros que él adquirió.

Bernardo no solo me llevó a explorar librerías, sino que también despertó en mí un apetito voraz por el conocimiento. Observar su pasión por la sabiduría y escuchar su profundo entendimiento en charlas y entrevistas me hizo darme cuenta de que todo provenía del amor por la lectura. Ese viaje fue el punto de inflexión que despertó en mí un deseo insaciable por aprender más, por buscar la sabiduría en todas sus formas.

El despertar del espíritu del guerrero

Uno de los libros que encontré durante mi búsqueda titulado "Samurai Strategies" (Estrategias de los samuráis), me marcó profundamente. En él encontré una cita que resonó en lo más profundo de mi ser: "A lo largo de la historia se ha demostrado repetidamente que el éxito o el fracaso de los individuos, así como de las sociedades, está determinado por la fortaleza y la calidad del espíritu de las personas".[1]

El libro continuaba explicando cómo las habilidades físicas y el conocimiento pueden ser inútiles si no tienes un espíritu fuerte, en el sentido de coraje, determinación, fuerza de voluntad y vigor. Musashi, el legendario

---

1. De Mente B. L. (2008). *Samurai Strategies*. Tuttle Publishing.

samurái, creía que un espíritu fuerte es tan importante como cualquier arma que se utilice en la batalla. Llamaba a este concepto "la espada del espíritu", sugiriendo que cuando el espíritu se utiliza correctamente, puede ser tan formidable como una espada que corta. En su libro Wabi-Sabi el autor Leonard Koren nos cuenta que "Los fabricantes de espadas y los forjadores japoneses han hablado tradicionalmente del alma que tiene una hoja y del aura que la envuelve". Si las espadas pueden tener alma, nuestra alma también puede ser espada.

Este es el espíritu del guerrero que encuentro en los héroes del anime: aquellos que luchan no solo con sus armas, sino con todo su corazón y su alma. Aquellos que poseen un espíritu indomable. Un espíritu que no se rinde ante la adversidad y que lucha por el bien de la humanidad, estos héroes son capaces de creer que el bien puede triunfar, y no se cansan nunca de intentar. Cuando viven de esa manera inspiran a los demás a mejorar, su determinación hace que todos a su alrededor también quieran dar lo mejor. Muchas veces hasta sus enemigos se cuestionan de por qué sus oponentes avanzan aun cuando no tienen posibilidad de ganar, pero el espíritu guerrero no sabe de derrotas tan solo sabe de levantarse y seguir adelante. De hecho, el mismo Musashi decía que una persona con este espíritu podría derrotar a diez,

diez personas con este espíritu pueden derrotar a cien, y cien personas con un espíritu guerrero pueden derrotar a mil. Este es el espíritu que todos debemos cultivar.

La voz del guerrero

No quiero hablar por ti, pero puedo hablar por mí. A lo largo de mi vida, ha habido momentos en los que me ha faltado ese espíritu guerrero, instantes en los cuales me he rendido fácilmente y aunque rendirse fue fácil vivir con el remordimiento de no haberlo dado todo ha sido difícil. Todos necesitamos esa fuerza interna que nos impulsa a seguir luchando, incluso cuando lo único que deseas es rendirte. Esa voz interior que te recuerda que aún no es el final, que tienes que intentarlo una vez más, que aún no lo has dado todo. Ese fuego en el corazón que te dice, aún hay más en ti, que te asegura que puedes llegar más lejos y volar más alto.

El espíritu guerrero no es solo para enfrentamientos físicos; es para cada batalla interna, cada desafío emocional y mental que enfrentamos en la vida. Es esa energía que te empuja a levantarte una vez más, a seguir adelante a pesar del cansancio, las dudas o el miedo, es lo que te hace luchar por lo que de verdad anhelas alcanzar.

Con el tiempo he aprendido que el espíritu del guerrero es lo que marca la diferencia entre el éxito y el fracaso, entre vivir en derrota o alcanzar la victoria. Lo mejor es que todos podemos cultivarlo. Tal como los héroes de las historias que me han inspirado, nosotros también podemos desarrollar ese coraje, esa determinación y esa voluntad indomable que nos permite vencer cualquier obstáculo. No importa cuántas veces caigamos; lo que realmente cuenta es cuántas veces somos capaces de levantarnos y caminar hacia adelante. El espíritu guerrero yace dentro de cada uno de nosotros, está ahí en las profundidades del alma esperando que lo despertemos y que lo utilicemos.

Esta es la vida que te propongo en este libro, despertar nuestro espíritu guerrero para luchar con el corazón encendido. Y cuando la llama de nuestra vida se haya extinguido, nuestra marca siga quemando en los corazones de nuestros seres queridos.

La batalla de la vida
no se gana esperando,
se gana luchando.

CAPÍTULO 1

DESCUBRIENDO LA FUERZA INTERIOR

*"Lo que vence no es la espada, sino el espíritu
que la sostiene".*

—INSPIRADO EN LA FILOSOFÍA DE
MIYAMOTO MUSASHI.

Quizá yo tendría 5 o 6 años cuando una tarde estaba jugando en mi cuarto con mi primo Esteban. Mi padre, joven en ese tiempo, no tendría más de 28 años. Su propio padre había fallecido cuando él tenía apenas 2 años; su hermano mayor tenía 4, el siguiente 3, y su hermana 1. Creció sin una figura paterna en casa. Para él, ser hombre significaba ser fuerte, saber pelear y defenderse; eso le daba identidad.

Al verme jugando con mi primo ese día, mi padre quiso enseñarnos una de las lecciones más importantes que él había aprendido en la vida. Entró al cuarto, nos miró y dijo: "Ustedes son hombres y deben ser fuertes; deben saber pelear y defenderse. Quiero enseñarles cuál es la fuerza de los Cornejo". Luego lanzó un golpe contra un mueble de madera, y su mano traspasó el mueble completamente. Mi primo y yo estábamos admirados de su fuerza. Después, él salió de la habitación mientras nosotros nos quedábamos ahí. Dejamos de jugar; queríamos explorar esa fuerza que, supuestamente, fluía por nuestras venas. Empezamos a golpear el mueble diciendo:

"La fuerza de los Cornejo". Externamente no pasó absolutamente nada, salvo el dolor en nuestros nudillos; pero internamente sucedió algo que está conmigo hasta hoy.

Desde ese momento en adelante sentía que esa fuerza me acompañaba, estaba conmigo y aunque sabía que estaba ahí, no la podía ver. Estoy convencido de que tú sabes que dentro de ti hay más fortaleza de la que crees que tienes, que en lo más profundo de tu ser sabes que puedes llegar más lejos y luchar más fuerte. No existe una sola persona en el planeta que en lo más profundo de su ser crea que es débil; si lo piensas detenidamente, te darás cuenta de que tú eres más fuerte de lo que crees que eres.

De niño y adolescente, practiqué muchos deportes: desde baloncesto y *ping-pong* hasta judo, atletismo y tenis. Sin embargo, nunca me destaqué en ninguno. Probablemente el que más tiempo y esfuerzo me llevó fue el tenis. En el lugar donde entrenaba, las prácticas eran largas, comenzaban a las tres de la tarde y terminaban a las seis, con una hora de tenis, una hora de preparación física, y otra hora de tenis para cerrar el día.

Antes de cada torneo me llenaba de confianza, sintiendo que esta vez sería diferente, que podría llegar lejos y que la "fuerza de los Cornejo" me acompañaría, como si estuviera en una película de *La guerra de las galaxias*. En mi mente lo creía de verdad, pero en la realidad, esto nunca sucedió. A veces mi padre asistía a los partidos (quizá fue a más de los que recuerdo). Comenzaba bien, pero poco a poco mi ánimo decaía y me desanimaba por mis propios errores. Algunos de mis rivales, al perder o ganar un punto, se animaban a sí mismos, gritaban "¡vamos!" o se decían "el siguiente punto es mío". Otros, al empezar a perder, se frustraban y rompían la raqueta contra el piso. Yo nunca tuve esa actitud para animarme, pero tampoco golpeaba mi raqueta contra el suelo. Aunque por dentro me frustraba, me enojaba y me sentía defraudado conmigo mismo, por fuera me mostraba apático, abrazando esa apatía para disimular el dolor de la pérdida. Creía que si aparentaba que no me importaba, entonces no dolería tanto perder; pero muchas veces, después de los partidos, especialmente en aquellos en los que por unos minutos creí que podía ganar, derramaba lágrimas en soledad. Sentía que no había luchado con todas mis fuerzas, y poco a poco me convencí de que era más fácil dejar de luchar; así, si perdía, no me dolería tanto, y me daba cuenta de que la "fuerza de los Cornejo" no era real para mí.

Buscando el espíritu guerrero

Hoy, como padre, veo algo parecido en mi hijo Lucas. Cuando tenía aproximadamente 5 años, comenzó a jugar béisbol. Era bueno, pero su equipo no ganó ningún partido. Con cada derrota su espíritu de lucha se apagaba un poco más. Incluso cuando cambió de equipo y tenía compañeros que se animaban entre ellos y hasta lloraban cuando perdían, él solo quería irse de ahí, apático a la pérdida, aunque en su mente y en su corazón hubiera querido ganar. Ahora entrena artes marciales mixtas, y en la arena le da lo mismo ganar o perder. Prefiere no dar su mejor esfuerzo, porque cree que, al final, perderá. Lo sé porque tan solo el día de ayer me dijo que cuando lo ha dado todo en el entrenamiento y piensa que le dirán que fue el estudiante del día no se lo dan.

"EN LO MÁS PROFUNDO DE TU SER SABES QUE PUEDES LLEGAR MÁS LEJOS Y LUCHAR MÁS FUERTE".

Pero ahí está la prueba de que en verdad sí nos importa, él está esperando que su entrenador le diga que es el estudiante del día, así muchos de nosotros estamos esperando que la vida nos diga que hoy fuimos los ganadores del día. A veces, viendo a Lucas enfrentar sus desafíos, siento una mezcla de comprensión y responsabilidad. En su desánimo revivo mis propias batallas internas. Quisiera poder darle la fuerza que yo nunca logré encontrar a su edad. Sé que él, al igual que muchos de nosotros, está buscando esa fortaleza, es una batalla interna con la cual todo ser humano lucha, la búsqueda de un espíritu inquebrantable que nos permita soportar todas las batallas que la vida nos pueda entregar.

Es por eso que estoy escribiendo este libro, porque he encontrado una manera de levantar mi espíritu y eso es lo que veremos en los siguientes capítulos. Entenderemos el poder de saber por qué y por quién luchar, la fuerza de nuestra narrativa interna para nunca renunciar. Estoy convencido de que todo ser humano puede despertar esa capacidad para luchar sin desmayar, que dentro de nosotros habita un espíritu que no depende de nuestra fuerza física, sino de nuestra fuerza de voluntad y, aún más profundamente, de nuestra fuerza espiritual.

Desde los tiempos más antiguos, grandes generales y estrategas de guerra —figuras como Sun Tzu, Alejandro Magno, y Napoleón Bonaparte— entendieron que para lograr hazañas extraordinarias es esencial levantar la moral de sus soldados y despertar un verdadero espíritu guerrero. Los grandes guerreros saben que la verdadera victoria se gana primero en la mente y luego con el espíritu.

La importancia de la moral y el espíritu guerrero

Tanto el término "levantar la moral" como el concepto de "espíritu guerrero" tienen sus raíces en el campo de batalla. Napoleón Bonaparte, uno de los estrategas más renombrados de la historia, fue de los primeros en reconocer que el éxito en la guerra no dependía solo de la fuerza física o de las armas. Decía: "En la guerra, la moral es a lo físico como tres es a uno". En sus palabras, el espíritu de un soldado supera cualquier recurso físico, porque un soldado con una voluntad inquebrantable puede enfrentar cualquier desafío.

Con el tiempo, esta idea trascendió el ámbito militar. A principios del siglo XX, psicólogos y sociólogos empezaron a estudiar la moral en contextos cotidianos, desde el trabajo hasta las relaciones personales. Elton Mayo y sus experimentos de Hawthorne en las décadas de 1920 y 1930 demostraron que cuando las personas se sienten motivadas y valoradas, logran resultados extraordinarios. Estos estudios fueron revolucionarios y dieron origen a lo que hoy conocemos como la psicología laboral, donde la moral y la satisfacción están directamente conectadas con el éxito y el bienestar.

Una definición profunda

Hoy en día, "levantar la moral" es una práctica fundamental en el liderazgo y la psicología organizacional. Sin embargo, aquí quiero ir más allá de esta idea convencional. Quiero explorar cómo despertar y mantener un espíritu guerrero en cada uno de nosotros, no solo como un principio motivacional, sino como una fuerza interna real que nos impulse día a día. Imagina despertar cada mañana con una fuerza interior que te empuje a enfrentar cualquier obstáculo, que te recuerde que, incluso en los días más difíciles, hay algo dentro de ti que nunca se rinde.

Todos estamos librando batallas: algunos luchan por sus sueños, otros por superar dificultades, y otros por mantenerse firmes en un mundo que a veces parece desmoronarse. No importa quién seas, de alguna forma u otra estás luchando por algo, ya sea por una situación familiar, económica, laboral o académica. La batalla de la vida parece interminable; cuando superamos una, otra comienza. Mi abuela solía decir: "Las penas son cobardes, porque nunca llegan solas". Esa es la realidad de la vida, pero estas situaciones no nos definen. Nosotros tenemos la capacidad de levantarnos y luchar por lo que queremos o por aquello que sentimos que la vida nos quiere quitar. Mientras puedas luchar, nada es final.

Por eso, las palabras del personaje Mio en Dororo despiertan tantas emociones en mí. Antes de salir a trabajar, le dice a Dororo: "La guerra nos quitó mucho, por eso hoy saldremos a quitarle a la guerra todo lo que nos robó".

Esa es la actitud que debemos cultivar cada día: Salir a la batalla a darlo todo con un corazón convencido y un espíritu decidido. Incluso si el ayer te quebró, si vuelves a encender tu espíritu, ni la derrota ni las cenizas podrán detenerte.

El problema es que pocos saben cómo aprovechar el espíritu guerrero que llevan dentro, el mismo que nos ayuda a entender que, aunque muchas veces dolorosa, la vida siempre es hermosa.

Mi intención es que al terminar esta lectura, despiertes cada día con una determinación sobrenatural para luchar por lo que anhelas, y que encuentres dentro de ti la fortaleza para nunca rendirte. Un espíritu inquebrantable crea una mente invencible, y una mente invencible forja un futuro lleno de esperanza. Para comprender la esencia del espíritu guerrero es necesario definirlo. No estoy seguro de que algún concepto pueda encapsularlo por completo, pero estoy convencido de que este es el primer paso para despertarlo. Una de las definiciones más precisas de espíritu guerrero que he encontrado está en la monografía[2] del Mayor Robert C. Johnson, del ejército de los Estados Unidos. Él lo describe de la siguiente manera:

Espíritu Guerrero:

La perspectiva psicológica presente en individuos, grupos, organizaciones e instituciones que sustenta la voluntad de luchar, la disposición para asumir riesgos calculados y un compromiso con el deber, demostrado a través de acciones orientadas al cumplimiento de la misión, sin importar las probabilidades o condiciones.

Aunque esta definición me parece precisa y bien articulada, siento que carece de un componente espiritual. Por eso, yo defino el espíritu guerrero de la siguiente manera:

---

2. Johnson, R. C. (1993). *Warrior Spirit: What it is and how to make it happen* (Student monograph). School of Advanced Military Studies, U.S. Army Command and General Staff College, Fort Leavenworth, KS. [Monografía citada en fuentes secundarias; copia no localizada públicamente].

Espíritu Guerrero:

Una fuerza psicológica y espiritual que habita en cada individuo. Un impulso interior que, al escucharlo, despierta la voluntad y el valor para luchar por aquello que amamos y anhelamos. Un compromiso inquebrantable con nuestro propósito de vida. Un fuego que arde en lo más profundo de nuestro ser, guiando nuestras acciones y aspiraciones, impulsándonos a perseverar sin importar las probabilidades o condiciones externas. Un recordatorio de que, incluso ante la adversidad, el espíritu guerrero nunca se doblega.

Un espíritu diferente

Al ser una fuerza, el espíritu guerrero se puede desarrollar, pero debe empezar con un cambio de mentalidad. Uno de los guerreros que más admiro por esta cualidad se llama Caleb. La historia cuenta que en uno de los momentos más definitivos de la historia de Israel, Moisés, su líder, envió a doce espías a examinar la tierra prometida en la cual fluían la leche y la miel. Al regresar de explorar la tierra, los espías debían dar un reporte. Los doce estaban de acuerdo en la abundancia que había en ese lugar que Dios les había prometido; según la historia, un solo racimo de uvas debía ser cargado entre dos personas.

Sin embargo, diez de ellos dijeron que en esa tierra también vivían gigantes, y que a los ojos de estos, ellos parecían pequeños saltamontes, y que nunca podrían conquistar ese lugar. Su reporte estaba lleno de temor e imposibilidad, y sus palabras contagiaban a todos los demás. En medio de esto, Caleb se levantó como una voz de confianza y esperanza:

"¡Vamos enseguida a tomar la tierra! ¡De seguro podemos conquistarla!".

Caleb no solo veía la tierra; veía la posibilidad de conquista en su interior. La diferencia de Caleb no era su fuerza física ni su posición, sino su espíritu audaz. Ese impulso interno le hacía creer en lo imposible y motivaba a los demás a hacer lo mismo. Los verdaderos guerreros no pelean solo para sí mismos, sino por el bien de los demás. En medio de la incertidumbre y el desánimo, Caleb fue un líder que eligió creer en el futuro que le había sido prometido. Cuando todos veían dificultad, él veía oportunidad. Cuando los demás tenían temor, él tenía valor. Estoy seguro de que él también veía los obstáculos, pero también estoy seguro de que el sueño en su corazón era más fuerte que cualquier obstáculo que habitaba en su mente. Para mí, eso es un guerrero de un espíritu diferente. Es por eso que los sueños en tu corazón deben ser más fuertes que los miedos que habitan en la razón.

Más adelante en la historia, se describe a Caleb de esta manera: *"Por cuanto hubo en él otro espíritu, y decidió ir en pos de mí, yo le meteré en la tierra donde entró, y su descendencia la tendrá en posesión"*.[3]

"LOS SUEÑOS EN TU CORAZÓN DEBEN SER MÁS FUERTES QUE LOS MIEDOS QUE HABITAN EN LA RAZÓN".

La palabra espíritu utilizada aquí viene del hebreo *ruaj*, que se traduce como "un espíritu diferente". Describe una actitud o disposición interna que denota fuerza de carácter, fe y esperanza. Al ser una disposición interna, quiere decir que no es algo innato, sino algo que nosotros también podemos desarrollar. Ese "espíritu diferente" es el espíritu guerrero.

---

3. Números 14:24 (RVR-60)

Creer en lo imposible

A veces, cuando leo historias de grandes héroes de la antigüedad, como Caleb, o cuando veo anime y observo la convicción inquebrantable de sus personajes, siento que luchar esas batallas parece fácil. Hasta que llega el momento de enfrentar mis propias batallas; entonces, enseguida comienzo a dudar si tengo la fortaleza o la habilidad para vencer. Lo que he aprendido es que la mayoría de estas batallas ocurren en mi mente. Por eso, no debes creer todos los pensamientos negativos que te llegan. Si los escuchas, estarás derrotado antes de haber empezado. En cambio, si cultivas ese espíritu guerrero, no lucharás desde tus temores, sino desde tus convicciones. Cuando eres un guerrero, tu fuerza de voluntad para ganar está arraigada en tu espíritu y no en tus circunstancias.

Hoy mi intención es ayudarte a utilizar ese espíritu guerrero que habita en tu interior y que puede cambiar todo lo que existe a tu alrededor. Esta no es una fuerza lejana; es una fuerza cercana, tan cerca de ti que, en verdad, está dentro de ti.

Un día me encontraba en mi auto con mi hijo Lucas. Mientras manejaba, él me dijo:

—Papá, imagina que en este momento un dinosaurio viene volando y aterriza delante del carro.

Le respondí:

—Lucas, eso no va a suceder.

Pero él insistió:

—Papá, imagina que un dinosaurio aterriza delante de nosotros.

Volví a repetir:

—Hijo, eso no va a suceder.

Entonces él, con tono firme, me dijo:

—Papá, solo imagínalo.

En ese momento entendí que él no le estaba hablando a mi mente lógica; le estaba hablando a mi espíritu de niño, a mi espíritu creativo, pero sobre todo estaba hablándole a mi espíritu guerrero. Porque el espíritu guerrero es capaz de creer que todo puede suceder, no le intimida lo que parece imposible, su convicción en sus ideales es tan fuerte que está dispuesto a dar la vida por ellos.

Eso —y mucho más— exploraremos en los siguientes capítulos.

*Cree con todas tus fuerzas en el espíritu
guerrero que habita en tu interior.
Cree en tu fortaleza para avanzar,
en tu capacidad para luchar.
Que no te quede la menor duda de que
esa fuerza vive en ti y de que tienes
todo lo necesario para vencer.
Es por eso que debes atreverte a creer que
el futuro que imaginas… puede suceder.
Por unos instantes, tan solo… Imagínalo.*

"IMAGINA DESPERTAR CADA MAÑANA CON UNA FUERZA INTERIOR QUE TE EMPUJE A ENFRENTAR CUALQUIER OBSTÁCULO".

CAPÍTULO 2

EL ESPÍRITU GUERRERO

*"El espíritu guerrero nace cuando
el cuerpo tiembla, la mente duda…
pero el alma sigue luchando".*

—XAVIER CORNEJO

Cuenta una leyenda que en algún lugar del mundo existía una aldea donde vivían los guerreros más habilidosos y poderosos: hombres y mujeres con movimientos capaces de derrotar a diez, veinte y hasta treinta enemigos cada uno. Sin embargo, más que sus habilidades físicas, lo que realmente destacaba son sus pensamientos y creencias. Esta comunidad estaba basada en principios, y tres de sus valores más esenciales, que he hecho míos y guardo en mi corazón, son:

1) Cuando descubres por qué y por quién vivir, entiendes por qué nunca te debes rendir.

2) Rendirse no es una opción para aquellos que aman con el corazón.

3) Aun en medio del temor, un guerrero se levanta a luchar por amor.

Para poder despertar mi espíritu guerrero, el primer paso que he tenido que dar es adoptar estos principios.

La meta de este capítulo es encender la llama de tu espíritu guerrero. Este es tan solo el primer paso, pero para mí es el paso más importante, ya que nada puede arder si primero no se enciende. La verdadera fortaleza de un guerrero proviene de la profundidad de sus motivos, de entender realmente por qué quiere luchar. Una vez que lo comprendemos, nada ni nadie puede detenernos.

Quizá sea porque, cuando era niño, a menudo me faltó el valor para luchar por lo que en verdad quería, o porque muchas veces experimenté el remordimiento de no haber perseguido los sueños que guardaba en mi corazón. Es posible que esto sea lo que me ha llevado a reflexionar y estudiar estos temas, pensando que si aprendía lo suficiente, algún día ese valor llegaría a mi corazón. He leído mucho sobre diferentes tipos de guerreros y he visto más anime acerca de guerreros de lo que quisiera admitir, tan solo para descubrir que hay una sola cosa que enciende el corazón de un guerrero de manera ferviente y pura.

Uno de los guerreros que más admiro son los samuráis. Desde los cinco o seis años, estos guerreros comenzaban su entrenamiento en un sistema riguroso y esencial para instaurar disciplina, artes marciales y profundos valores morales. Es decir, desde temprana edad practicaban las habilidades físicas para luchar, pero también las habilidades mentales para saber por qué luchar. Estas enseñanzas están detalladas en el Bushido, el código de honor del samurái.

> **"LA VERDADERA FORTALEZA DE UN GUERRERO PROVIENE DE LA PROFUNDIDAD DE SUS MOTIVOS, DE ENTENDER REALMENTE POR QUÉ QUIERE LUCHAR".**

Aunque vivimos en una época diferente, estos principios siguen funcionando porque forjan nuestro carácter y fortalecen el espíritu frente a los desafíos que enfrentamos en el día a día. Y aunque el contexto es diferente, lo que enciende el corazón del ser humano no ha cambiado. Algunos de los principios que aprendían desde niños son:

1) **Coraje (Yu)**
   Se esperaba que los samuráis enfrentaran la adversidad y el peligro con valentía y determinación, incluso frente a la muerte.

2) **Respeto (Rei)**
Mostraban respeto hacia sus superiores, compañeros e incluso enemigos, reconociendo la dignidad y el valor inherente de todas las personas.

3) **Benevolencia (Jin)**
Actuaban con bondad, compasión y empatía hacia los demás, especialmente hacia aquellos en necesidad o menos afortunados.

4) **Honestidad (Makoto)**
Eran veraces, sinceros y dignos de confianza, manteniendo la integridad y el honor en todo momento.

5) **Lealtad (Chugi)**
Mostraban una lealtad inquebrantable hacia su señor y maestro, y estaban dispuestos a sacrificar sus vidas por servir.

El Bushido servía como un marco moral y filosófico que guiaba su conducta tanto en el campo de batalla como fuera de él. Estos principios estaban tan profundamente arraigados dentro de ellos que su mayor expresión de éxito era morir en batalla o dar la vida por su señor.

Aunque aprender sobre estos principios es importante a cualquier edad, mi pregunta es: *¿A qué edad aprendimos nosotros por qué luchar?* Porque un guerrero no nace solo del entrenamiento o la experiencia. La verdadera batalla empieza en el alma, cuando nos damos cuenta de que hay algo por lo cual vale la pena resistir. Y es en esa comprensión donde comienza a encenderse el fuego interior. No todos saben lo que los hace levantarse con fuerza; pero todo guerrero, tarde o temprano, debe encontrar su fuego.

El origen de la fuente

Existe una pequeña panadería llamada La Croissantería en Cuenca, Ecuador. Tiene los mejores *croissants* del mundo, y no estoy exagerando. Al preguntarle a su dueña cuál es el secreto para que sus *croissants* sean tan buenos, su respuesta fue simple: "La pureza de los ingredientes".

La pureza del ingrediente lo es todo. También lo es en el espíritu. Esa respuesta tan sencilla es, precisamente, la razón de su sabor y de que cada día, temprano en la tarde, toda la producción se agote. Y así como encontré esa pureza en una panadería, también la encontré en un hombre, en una ciudad.

La primera vez que viajé a Barcelona, estaba seguro de que me encontraría con una gran ciudad. Tenía altas expectativas de lo que allí descubriría. Lo que no sabía era que conocería la historia de un genio llamado Antoni Gaudí, quien rápidamente se convirtió en uno de mis genios favoritos. Antes de saber mucho sobre él, visité la Sagrada Familia, la catedral diseñada por Gaudí. Su construcción ha tomado más de cien años en completarse, y aunque me maravillé al caminar dentro de aquel lugar, subir a sus torres y apreciar el arte en cada detalle, no fue hasta que visité la Casa Batlló que mi curiosidad por este genio se despertó de verdad.

> **"NO TODOS SABEN LO QUE LOS HACE LEVANTARSE CON FUERZA; PERO TODO GUERRERO, TARDE O TEMPRANO, DEBE ENCONTRAR SU FUEGO".**

Quizá eres como yo: cuando visito museos o galerías de arte, muchas veces prefiero hacerlo solo, aunque eso signifique no aprender tanto sobre la historia del lugar. Mi paciencia suele ser más corta que mi curiosidad, y prefiero explorar a mi propio ritmo.

Al llegar a la Casa Batlló, me encontré con que podía hacer justo eso. Me entregaron unos audífonos con explicaciones pregrabadas, y en cada sección de la casa había un número. Al llegar a cada punto, presionaba el número en el dispositivo, y al instante una voz, con una narrativa casi de cuento de hadas, comenzaba a describir lo que Gaudí estaba pensando al diseñar cada parte de la casa.

Escuchar esas explicaciones me transportaba a un universo que expandía mi imaginación. Mi corazón no dejaba de latir; podía sentir la creatividad fluyendo por mis venas. La casa está diseñada como si la vida y la vista estuvieran bajo el mar. Desde las rejillas que emulan las branquias de un pez para incrementar la ventilación, hasta las ventanas internas que hacen que todo se vea como cuando te sumerges en el agua y miras hacia afuera… todo en ese lugar es mágico.

Estaba en éxtasis.

Ese día compré algunas biografías de Gaudí, y desde entonces he disfrutado aprender de su vida y sus obras. Pero, como todos los grandes, Gaudí no trabajaba solo; se rodeaba de expertos en su oficio: ceramistas, escultores, forjadores de hierro, ebanistas, arquitectos.

Si algún día observas sus obras, notarás el valor que cada uno de estos expertos aportaba. Uno de los que más llamó mi atención fue el ebanista Eudald Puntí, cuya fama era merecida. Cada año recorría Europa para conocer las últimas tendencias. Era reconocido por su atención al detalle y por la alta calidad y pureza de las maderas que elegía, lo cual le permitía destacarse con líneas fluidas y motivos naturalistas que caracterizaban al Modernismo.

Personas como Puntí ayudaron a dar vida a las visiones de Gaudí.

La pureza de los materiales es lo que da riqueza a las construcciones.

Y lo mismo ocurre con el espíritu.

Pero, ¿cuál es el material más puro del cual debe emanar el espíritu guerrero?

Así como la pureza de la mantequilla, del hierro o de la madera eleva la calidad de una obra, la pureza de una emoción eleva la fuerza de un espíritu. Y aquí es donde quiero que nos detengamos. Porque no todo lo que nos mueve por dentro nos fortalece de verdad. Hay emociones que nos prenden fuego... pero nos queman por dentro. La grandeza de una obra depende de la pureza de sus materiales; la grandeza de un espíritu, de la pureza de sus emociones.

Puro vs. crudo

Las emociones crudas son aquellos sentimientos no filtrados, intensos, que provienen directamente del corazón sin ablandarse ni refinarse. Estas emociones son intensas, lo que hace que puedan ser abrumadoras y poderosas. Son expresiones directas de nuestros sentimientos inmediatos; pero también son vulnerables, ya que exponen la profundidad de nuestro estado interior. Sin la protección de la razón o el distanciamiento emocional, estas emociones pueden llevarnos a reaccionar de forma intensa y, a veces, descontrolada.

Cuando nació mi hermana Rossana, yo tenía casi tres años. Los doctores les dijeron a mis padres que ella tenía un soplo en el corazón, y que no sabían cuánto tiempo viviría; en cualquier momento, podría morir. Cuando yo tenía cinco años y mi hermana dos años y medio, mis padres decidieron llevarla a Quito para una operación a corazón abierto. Hasta ese momento nunca me había separado de ellos. Un jueves por la tarde mi madre me prometió que regresaría el día que mi abuelo hacía *pancakes*, que era el domingo. Pasaron muchos días en los que mi abuelo hizo *pancakes* y mis padres no regresaron. Volvieron hasta mes y medio después.

No sé si puedo describir el dolor y el abandono que sentí, esperando semana tras semana el día de los pancakes, para ver a mis padres. En ese sentimiento de abandono y soledad, empecé a forjar una idea: debía ser fuerte solo, nunca más sentiría ese dolor. Este abandono dejó una huella: me hizo sentir autosuficiente, fuerte por no depender de nadie. Creía que esta emoción cruda de soledad me fortalecía, cuando en realidad estaba forjando una armadura de orgullo, una independencia vacía que no traía satisfacción.

Cuando las emociones crudas son las que consumen nuestra alma, nos dan fuerza y nos encienden para luchar, pero dentro de estas emociones podemos encontrar el odio, la venganza, la soledad, la ira, el dolor. Todas estas son emociones fuertes, y tienen la capacidad de encender nuestro espíritu; el problema es que si bien estas emociones nos encienden, también nos consumen hasta que llegamos a perdernos dentro de ellas. Aunque las emociones crudas pueden fortalecer nuestro espíritu guerrero por momentos, nunca lo harán arder con la intensidad, el brillo y la duración con que lo puede hacer una emoción pura.

Una emoción pura, en cambio, es aquella que —en su sentido más altruista— busca el bienestar tanto propio como el de toda la humanidad. Aunque sea intensa, pasa por el filtro de nuestra consciencia y de nuestros valores más profundos, haciéndose uno con nuestros ideales que habitan en el subconsciente, y así se convierte en una fuerza constante que nos guía hacia nuestro propósito en el mundo.

"LA GRANDEZA DE UNA OBRA DEPENDE DE LA PUREZA DE SUS MATERIALES; LA GRANDEZA DE UN ESPÍRITU, DE LA PUREZA DE SUS EMOCIONES".

A diferencia de las emociones crudas, las emociones puras como el amor, la bondad, la paz, nos encienden pero no nos consumen. Nos dan fuerza sin consumir nuestra vida. Mientras las emociones crudas queman todo en nuestro interior y nuestro alrededor, las emociones puras iluminan. Las dos impulsan, pero los resultados son muy diferentes.

Emociones puras y el poder del amor

"¿Sabes cuál es el proceso para forjar una espada?", es la pregunta que el abuelo de Zenitsu le hace en *Kimetsu no Yaiba*. "Cuando forjas la hoja de una espada, la martillas una y otra vez para deshacerte de las impurezas y de todo lo demás que no necesitas. Mientras más pura sea la hoja, más duradera es la espada".

De la misma manera, nosotros debemos trabajar con nuestras emociones crudas, refinándolas para que se conviertan en emociones puras. El trabajo de martillar nuestras emociones crudas muchas veces puede ser doloroso, ya que hay sentimientos que creemos justos y que nos dan poder, y que inclusive tenemos razón de sentirlos, pero la verdad es que solo las emociones puras hacen que nuestro espíritu guerrero sea más duradero.

Las emociones puras son emociones en su forma más genuina y sin complicaciones, libres de motivos mixtos, dudas e influencias externas. Se caracterizan por su simplicidad y autenticidad; se las describe como "incontaminadas", es decir, sin sentimientos contradictorios ni ambivalencias. Representan la verdadera esencia de cómo se siente alguien de una manera positiva o idealista. Las emociones puras son aquellas en las que el sentimiento se percibe como noble, desinteresado y profundo.

Aunque tanto las emociones crudas como las emociones puras son auténticas, las emociones crudas enfatizan la intensidad sin filtros y suelen reflejar la vulnerabilidad de una persona en un momento determinado. En cambio, las emociones puras destacan por su claridad, su simplicidad y una forma ideal de sentir, sin motivos ocultos.

Mientras más pura sea nuestra emoción, más fuerte será nuestro espíritu guerrero, y el sentimiento más puro es el amor. Si bien el enojo, el dolor o la felicidad pueden encender un poco nuestro espíritu, nada lo hará arder como el amor.

Estoy convencido de que nada, absolutamente nada, es más fuerte que el amor, y que la fortaleza de un guerrero está determinada por la profundidad de su amor. Aunque admiro a los samuráis y sus ideales, para mí el guerrero más fuerte que jamás haya existido es Jesús. Aun en medio de su dolor, siguió adelante por amor.

La historia cuenta que en el jardín de Getsemaní, Jesús se alejó de sus discípulos, se arrodilló y oró diciendo: "Padre, si quieres, te pido que quites esta copa de sufrimiento de mí. Sin embargo, quiero que se haga tu voluntad, no la mía". Entonces, apareció un ángel del cielo y lo fortaleció. Oró con más fervor y estaba en tal agonía de espíritu, que su sudor caía a la tierra como grandes gotas de sangre.

Tan grande era su amor por nosotros que, a pesar del sufrimiento que le esperaba, y aunque su espíritu estaba en agonía, se levantó, luchó y venció. Su motor más fuerte fue la pureza de su amor. No sé tú, pero yo lucharía con todas mis fuerzas por las personas que más amo.

Todos podemos luchar desde la venganza, el dolor y la ira. Es fácil luchar desde nuestros sentimientos más crudos, pero un verdadero guerrero lucha desde el amor. La razón por la cual considero a Jesús mi guerrero favorito es porque todos podemos luchar por las personas que amamos, pero Jesús no solo luchó por quienes lo amaban, sino que también luchó por quienes no lo amaban.

Por eso, el amor es la emoción más pura y la única razón por la cual vale la pena luchar.

¿Y tú, desde qué emoción eliges luchar?

CAPÍTULO 3

¿POR QUÉ LUCHAMOS?

*"Un guerrero no lucha por lo que odia enfrente,
sino por lo que ama detrás".*

—G. K. CHESTERTON

En uno de esos viajes por la imaginación a los que me llevan muchas veces los diferentes capítulos de anime, encontré una de las historias más hermosas. En la serie *Frieren: Más allá del final del viaje*, en el capítulo 16, titulado "Amigos que han vivido un largo tiempo", Frieren decide visitar a un amigo que tiene desde hace más de un siglo. Este amigo es un guerrero de la raza de los enanos y ha cuidado y protegido la ciudad de Voll por más de doscientos años de animales y bestias inimaginables. Sin embargo, la gente que ahora vive en la ciudad no sabe por qué él está ahí, ni por qué los protege y lucha por ellos.

Cuando le preguntan por qué arriesga su vida y protege esa ciudad, el guerrero responde:

"Es por mi esposa. Esta es la aldea que ella amaba, y la protegeré hasta el día que muera. Ella era humana, y estoy cumpliendo mi palabra a alguien que el mundo ya olvidó hace mucho tiempo. Con este acto, la puedo recordar. Ya casi no puedo ni describirla: su rostro, su voz, la luz que vi en sus ojos. Este es mi recuerdo".

Cuando Himmel, el héroe, escucha su historia, responde: *"Sí, suena tonto, pero eso no importa. Viva o muerta, le hiciste una promesa a alguien que amas, y ella estaría feliz de saber que has guardado esa promesa"*.

Eso es lo que hace un guerrero: lucha por las personas que ama.

Hace unos meses paseaba con mi esposa por Paso Robles, una hermosa zona de viñedos en California. Mientras manejaba, le pregunté:

"¿Por qué lucharías con todas tus fuerzas?".
Ella respondió algo y luego agregó:
"Esa es una pregunta injusta".
Cuando le pregunté por qué, me respondió:
"Porque si haces esa pregunta, la mayoría de las personas diría que por su familia".
Ella tenía razón. Cuando le preguntas a cualquier persona qué es lo más importante en su vida, la mayoría te responderá "mi familia". De hecho, hace poco me encontré con una publicación en Facebook de un amigo que decía: "Mis metas son personales, pero mis motivos tienen nombre y apellido". Luego procedía a nombrar a sus seres queridos. Aunque para algunas personas la prioridad pueda ser su carrera, su autoestima, o incluso algún

proyecto personal, lo que realmente importa es saber y entender por qué luchamos cada día. Si recuerdas, en el capítulo anterior uno de los principios decía:
"Cuando descubres por qué o por quién vivir, descubres por qué nunca te debes rendir".

Cuando viajo en avión, mi única opción de asiento es el pasillo, lo cual muchas veces me hace recibir golpes de personas que pasan a mi lado con enormes mochilas. Algunas veces olvidan que las llevan consigo, y se dan la vuelta para conversar con las personas que vienen detrás de ellos sin darse cuenta de que esas mochilas pueden hasta demoler una pared. Ese fue el caso con un hombre que venía buscando su puesto y paraba en todas las filas para asegurarse de su ubicación. Finalmente, cuando llegó a mi lado en el pasillo, se dio la vuelta para decirle a su esposa que él tenía el asiento del medio a mi lado, y ella el asiento del medio al otro lado del pasillo.

Y digamos que mi cabeza sintió su mochila más de una vez.

Por supuesto, para el momento en que el hombre se sentó a mi lado, yo ya no tenía muchas ganas de conversar. Sin embargo, desde que se sentó empezó a hablarme. Sin darme cuenta nos sumergimos en conversaciones fascinantes: era un profesor universitario de Estados Unidos, que vivía en la Amazonía del Ecuador, en la provincia de Napo. Una de las historias más fascinantes que me contó fue acerca de cómo las tribus ancestrales cazan las guatusas, un animal muy difícil de atrapar.

Me comentó que un miembro de una tribu le dijo que para poder atrapar una guatusa, los cazadores deben llegar a los lagos cerca de las cinco de la mañana, ya que a esa hora el pájaro cucarachero canta una hermosa balada y la guatusa se pone a bailar. Mientras baila distraída, es fácil de atrapar. Lo interesante es que si la guatusa no llega al lago, el pájaro, al no tener quien baile, deja de cantar.

Esto me llevó a pensar que, de la misma manera, un guerrero es como ese pájaro: si no hay quien baile en su corazón, su espíritu pierde la voz; pero cuando su corazón arde y baila, su canto resuena, y es imparable. Un guerrero que no tiene quien baile en su corazón tampoco puede luchar con todas sus fuerzas.

Crear y proteger

Existe una historia poderosa sobre Nehemías, quien vivió en una época en que Jerusalén, la ciudad de sus antepasados, estaba en ruinas y sus puertas consumidas por el fuego. Al enterarse de esta tragedia, Nehemías, quien era el copero del rey Artajerjes, se sentó a llorar, y por meses cargó esa tristeza en su corazón.

Tiempo después, mientras servía al rey, su tristeza era tan evidente que el rey le preguntó: "¿Por qué estás triste?". A lo cual Nehemías respondió: "¿Cómo no estar triste cuando mi ciudad ancestral ha sido destruida?". Conmovido por su respuesta, el rey le concedió permiso para regresar a Jerusalén y reconstruir las murallas.

Una vez en Jerusalén, Nehemías se enfrentó a enemigos que se burlaban y decían que sería imposible reconstruir aquellas murallas. Sin embargo, con un espíritu decidido y un corazón lleno de amor por su pueblo y sus ancestros, Nehemías alentó a su gente con un llamado de guerra épico. Imagino este momento con música heroica de fondo, como la canción que se escucha en El señor de los anillos cuando Aragorn da su discurso de batalla ante la Puerta Negra de Mordor. Nehemías exclamó desde lo más profundo de su ser:

"¡No le tengan miedo al enemigo! ¡Recuerden al Señor, quien es grande y glorioso, y luchen por sus hermanos, sus hijos, sus hijas, sus esposas y sus casas!".[4]

---

4. Nehemías 4:14 (NTV)

Estas palabras resonaron profundamente en el corazón de su pueblo, recordándoles la causa por la cual valía la pena luchar.

Desde ese momento, cada obrero que trabajaba en la muralla sostenía en una mano su herramienta y en la otra un arma, construyendo así un futuro seguro mientras defendían lo que más amaban. De eso se trata la vida, de construir un futuro para las personas que amamos mientras luchamos con todas nuestras fuerzas para protegerlas.

Una de las líneas que más me hizo pensar sobre la importancia de saber por quién luchar, la escuché en Wind Breaker, cuando Hajime Uemmiya, líder de Bofurin, pelea contra Choji Tomiyama de Shishitoren. Después de que Choji golpea a Hajime, se da cuenta de que sus golpes no le hacen daño a su enemigo, a lo cual Hajime le pregunta: "¿Sabes por qué tus golpes son tan ligeros? —Y continúa diciendo— Porque no estás luchando por nada". Saber por quién luchamos le da fuerza a nuestra vida y a nuestra lucha en todo lo que hagamos. La única forma de que nuestros golpes no sean ligeros, sino que hagan impacto y dejen huella, es que sepamos por quién luchamos.

El poder del amor en el guerrero

La misma verdad que se encuentra en el libro de Nehemías, se refleja en el análisis del mayor Robert C. Johnson, del ejército de los Estados Unidos, quien exploró las razones que llevan a los soldados a luchar con valentía.

Al analizar las razones que hacen que los soldados se conviertan en una unidad imparable, encontró que aunque la defensa de su país y la protección de su tierra son motivaciones importantes, la razón más poderosa que impulsa su valentía son los lazos fraternales entre los soldados. Este amor, o camaradería, une a los soldados y enciende el espíritu guerrero en cada uno de ellos, convirtiéndolos en una fuerza que no puede ser disuelta.

Según el análisis del mayor Johnson, en su monografía Warrior Spirit (Espíritu Guerrero)[5], la cohesión de unidad y los lazos de camaradería son factores fundamentales que fortalecen el espíritu guerrero. Johnson resalta que estos vínculos emocionales entre soldados incrementan significativamente su disposición para luchar

---

5. Johnson, R. C. (1993). *Warrior Spirit: What it is and how to make it happen* (Student monograph). School of Advanced Military Studies, U.S. Army Command and General Staff College, Fort Leavenworth, KS. [Monografía citada en fuentes secundarias; copia no localizada públicamente].

valientemente en condiciones extremas, superando obstáculos que de otro modo parecerían insuperables.

Tanto la historia de Nehemías como los hallazgos del mayor Johnson son evidencia del poder del amor en la vida de un guerrero. Es este amor hacia los seres queridos y compañeros lo que transforma a un grupo de individuos en una fuerza imparable.

Si la fuerza de un espíritu guerrero es el amor, y todos amamos a alguien o algo, la pregunta es:

¿Por qué no luchamos con esas fuerzas incansables todos los días? ¿Y por qué hay días en los cuales no sabemos ni por qué respiramos? Estoy convencido de que la verdadera razón es que muchas veces no hemos pensado con claridad las razones de nuestra existencia, ni nos hemos detenido a reflexionar profundamente sobre ellas. Así que te invito a que tomes un momento para escribir por quiénes y por qué razones te levantas cada día. Una vez que medites y pienses en ellas, escríbelas y repítelas a ti mismo, hazlo tanto en la mañana como en la noche. Deja que estas palabras penetren tu ser y que sean tu impulso diario. Tu vida se llenará de luz y propósito; al final de la vida, nuestro verdadero propósito no es lo que hacemos, sino las personas a las cuales amamos. Cuando un guerrero tiene claro este propósito, nada lo puede detener, no le asusta la muerte porque enfrenta la vida con todo lo que tiene.

Simon Sinek, uno de los mejores escritores de liderazgo, tiene un libro fantástico que se llama "Empieza con el porqué".[6] Allí hace un llamado a los líderes a describir el porqué detrás de su organización. Cuando una organización tiene esto claro, es una forma de invitar a las personas a ser parte de la historia de la compañía, y aunque este es un gran principio para todo tipo de organización, para mí, en mi lucha personal, prefiero empezar por el "por quién" Esto lo cambia todo para mí.

Después de pensar mucho en este tema, decidí que iba a escribir las razones por las cuales lucharía todos los días. Quería que estas razones quedaran grabadas en lo más profundo de mi ser. El recordarme todos los días por quién voy a luchar me ayuda a no rendirme jamás.

---

6. Sinek, S. (2018). *Empieza con el porqué*. Editorial Empresa Activa

Quiero compartir contigo esas razones:

Isabela, Lucas y Bruno, los amo más allá de lo que jamás podrán imaginar, y prometo luchar por ustedes todos los días de mi vida, con cada aliento y en todo momento. Ustedes no solo son mi inspiración, sino también mi propósito. Es por ustedes que cada palabra que escribo, cada esfuerzo que hago y cada batalla que enfrento, tiene sentido. Ustedes son mi razón de ser y la fortaleza que necesito en mi camino.

Hoy daré todo de mí para que su futuro sea un lugar seguro. También prometo luchar por el propósito que Dios tiene para sus vidas y para la mía. Quiero llegar al final de mi vida habiéndolo dado todo por ustedes y por los colores que ustedes traen al mundo, porque sé que cada uno hará de este mundo un lugar mejor.

Lucharé, además, por ser un buen administrador de los dones y talentos que Dios ha puesto en mi vida. Quiero que todo lo que haga tenga un impacto no solo en este mundo, sino también en la eternidad. Esta es mi promesa.

Desde que la escribí, la recuerdo todos los días al despertar y la repito antes de acostarme. No quiero que nunca, ni por un solo segundo, se me olvide que mi familia es el mayor tesoro que tengo en la vida. Son la razón de mi existencia y quienes pintan mi vida con los colores más hermosos. Ellos son el motivo por el cual me despierto a luchar todos los días. Seguramente tú tendrás tus propias razones, y aunque sean diferentes de las mías, asegúrate de que sean igualmente valiosas para ti.

En la película El señor de los anillos: La guerra de los Rohirrim, el rey Helm Hammerhead hace su último sacrificio en la entrada a su fortaleza, se para firme y pelea contra cientos de enemigos que vienen contra él, al final muere congelado y de pie, ninguno de sus enemigos logró pasar. El rey luchó por su hija, su familia y su pueblo, la leyenda dice que en ningún momento de la batalla, sin importar cuán dura haya sido, el rey doblegó sus rodillas. Lo interesante es que en un par de escenas antes, el rey Helm le dice a su hija Hera: "El día que tu naciste es el único día que he doblegado mis rodillas". Estas palabras son muy importantes porque nos demuestran cuánto significan las personas que amamos. Ninguna cantidad de enemigos logró que el rey doblegara sus rodillas. Por donde sea que yo lo mire, este es el espíritu guerrero el que es capaz de enfrentar lo que sea con tal de defender a las personas que ama, y tan cálido como para arrodillarse delante de ellas. Yo no tengo razón más fuerte en mi vida que mi esposa y mis hijos, por ellos no doblegaré nunca mis rodillas, pero delante de ellos me arrodillaré a darles la mano.

En su libro *The Talent Code* (El código del talento)[7], Daniel Coyle explica que para mantener la motivación a lo largo del tiempo necesitamos señales que nos enciendan, disparadores que nos impulsen a desarrollar una habilidad con consistencia y determinación. A estas señales las llama "señales de encendido", y suelen activarse por una fuerza externa como una palabra, un libro, una persona, etc. Sin embargo, para que realmente sostengan nuestra motivación, estas palabras deben ser lo suficientemente profundas y significativas para nosotros.

"LA FEROCIDAD DE TU LUCHA PROVENDRÁ DE LA PROFUNDIDAD DE TU AMOR".

Coyle menciona el caso de una escuela chárter* en Estados Unidos que implementó una estrategia simple

---

7. Coyle D. (2009). *The Talent Code*. Editorial Bantam.

* N. del E.: Una escuela chárter es una escuela pública gestionada de forma independiente, con más libertad para innovar en su plan de estudios y métodos de enseñanza, pero que debe rendir cuentas de sus resultados académicos al Estado.

pero poderosa: su señal de encendido sería la certeza de que todos sus estudiantes entrarían a la universidad. Para mantener viva esa convicción, la palabra universidad se repetía constantemente en las aulas, en los pasillos, en cada conversación. Además, organizaban visitas a distintos campus universitarios para reforzar ese sueño. El impacto fue innegable: en 2007, la escuela se posicionó dentro del 3 % superior de las escuelas públicas de California en rendimiento académico.

Eso es lo que hacen las señales de encendido: nos recuerdan quiénes somos y por qué luchamos.

Mis señales de encendido son claras:
Isabela, Lucas y Bruno.

¿Cuáles son las tuyas?

Piensa en aquello o en quienes dan sentido a tus días y llenan tu corazón de alegría. Ellos serán tu fuerza. La ferocidad de tu lucha provendrá de la profundidad de tu amor.

"Cuando las cosas se pongan difíciles, cierra tus ojos y recuerda a las personas que amas. Es por eso que estamos aquí". —Fana dirigiéndose a Mars, en Black Clover.

Sé que no todos los días es fácil luchar por lo que amamos; las batallas diarias pueden nublar nuestras razones para seguir adelante. Sin embargo, si te tomas un momento, cierras los ojos y recuerdas aquello que amas, recuperarás tu fuerza para levantarte.

El estar cansado de luchar no es una excusa válida para rendirse. Cuando estés cansado, aprende a descansar, no a rendirte. En ese momento descubrirás la verdadera fortaleza de tu espíritu guerrero.

El verdadero propósito de tu vida es dar tu vida por las personas que amas.

Solo cuando entendemos esto, la vida tendrá significado y, como resultado, nuestro corazón latirá con intensidad, gratitud y, sobre todo, con vida.

CAPÍTULO 4

LA NARRATIVA INTERIOR: LA HISTORIA QUE NOS CONTAMOS

"La voz en tu cabeza se convierte en la voz en tu boca. Y la voz en tu boca se convierte en la voz en la cabeza de otros".

—SAM CHAND

"Todos estos años deberías haber entendido algo sobre mí: en toda mi vida, nunca he peleado ni una sola vez pensando que existía siquiera una posibilidad de perder". Estas son las palabras de All Might, quien solía ser el héroe más fuerte en el mundo de *My Hero Academia*, una serie que muestra la lucha entre héroes y villanos en una sociedad donde tener poderes es algo común. Después de una herida grave en su batalla con All for One, el villano más poderoso, perdió su poder. Sin embargo, al final de la temporada siete, se enfrenta nuevamente a All for One, esta vez sin poderes. No tiene más fuerza física, pero lleva consigo un traje diseñado especialmente para esta batalla.

No hay otra salida. El mundo lo necesita. Debe luchar.

Sus palabras, dichas mientras se lanza a la batalla con un corazón encendido y un espíritu decidido, reflejan una verdad universal: la batalla más difícil no se libra contra enemigos externos, sino dentro de nosotros mismos.

Su victoria comienza en su mente.

Un guerrero no lucha desde el miedo en su mente, sino desde el amor que siente. Para lograrlo, primero debe ganar la batalla interna. En este capítulo exploraremos cómo las historias que nos contamos a nosotros mismos pueden ser una herramienta poderosa para encender nuestro espíritu guerrero o, por el contrario, ser la barrera que nos impide avanzar.

La fuerza de nuestra narrativa interior

Hace un par de días estaba conduciendo. Lucas me acompañaba. Le dije que estaba escribiendo este libro y le conté la historia de All Might. Luego le hice esta pregunta: "Lucas, cuando vas a hacer algo, ¿siempre dudas de que te saldrá mal?" A lo cual me respondió: "Sí, siempre".

La sinceridad en su respuesta fue tan genuina que me dio el espacio para ser vulnerable y decirle a mi hijo que muchas veces yo también me siento así, que muchas veces pienso que no estoy preparado y que al intentar algo me saldrá mal. Sin embargo, cuando le conté la historia de All Might, y cómo siempre se lanzó a luchar sin pensar que había posibilidad de perder, Lucas y yo nos hicimos la promesa de que siempre que estemos por hacer algo, vamos a empezar con la certeza de que nos saldrá bien. Sé que eso requiere trabajo, sé que habrá muchas veces más en la vida en que dudaremos; pero lo que quiero que mis hijos sepan es que, si bien dudaremos, también lucharemos.

La historia que nos contamos sobre nosotros mismos es la realidad que vivimos. Sin embargo, la realidad es como un prisma; varía dependiendo del ángulo y la luz bajo la cual se observe.

Estoy seguro de que ningún ser humano puede ver, ni siquiera percibir, la verdadera realidad. El mundo está interconectado de formas tan profundas y dinámicas que no podemos comprender completamente; pero al ser la realidad un punto de vista, eso significa que si cambio mi posición, puedo cambiar mi percepción. Si logramos cambiar nuestra percepción podemos cambiar nuestro mundo.

La percepción es una de las más grandes armas a nuestra disposición. De acuerdo con Edward de Bono, uno de los padres del pensamiento creativo, "la percepción es la manera en la que elegimos mirar el mundo; esto determina lo que encontramos, pensamos y hacemos". Él explica que el pensar no empieza con la lógica, empieza con la percepción. La calidad de nuestros pensamientos es tan buena como la percepción que tenemos de la situación. Si tu percepción es limitada, tu vida será débil. Por eso un guerrero debe tener la capacidad de cambiar su percepción para romper sus limitaciones internas y su perspectiva para derribar sus limitaciones externas.

Perspectiva es desde dónde vemos; percepción es cómo vemos. Y como todo en la vida, ambas se pueden entrenar. Debemos buscar siempre una forma nueva de mirar el mundo, y tener la capacidad de cambiar el lugar desde donde lo miramos. Cuando dominamos nuestra percepción, podemos encender y mantener vivo nuestro fuego interior.

Una de mis historias favoritas es la leyenda del duelo entre Miyamoto Musashi y Sasaki Kojiro. Kojiro era un espadachín imponente, quizá más que el propio Musashi, y de disciplina implacable. El duelo se pactó en la isla Ganryu, en el primer tercio de la hora del dragón (7:00 a 7:40 a. m.). Kojiro estaba listo a la hora exacta, pero Musashi llegó tarde, algo considerado un insulto. Y no solo eso: llegó con una espada improvisada, tallada de la madera de un remo. La furia cegó a Kojiro; se lanzó con ira, y Musashi, sereno, lo venció de un solo golpe. La diferencia estuvo en que Kojiro tenía una percepción fija de cómo debían ser las cosas, mientras que Musashi tenía una percepción flexible que le permitió usar todo a su favor.

Tal como Musashi, que supo girar la batalla a su favor cambiando su percepción en el momento justo, nosotros también enfrentamos duelos invisibles cada día. No siempre son con espadas ni en islas lejanas; a veces son en un gimnasio, en una oficina, en nuestra familia, en la vida diaria o en medio de nuestras luchas internas. Pero en todos ellos, la victoria se decide en el mismo lugar: en la narrativa que encendemos dentro de nosotros.

"SI LOGRAMOS CAMBIAR NUESTRA PERCEPCIÓN PODEMOS CAMBIAR NUESTRO MUNDO".

Esta idea se refleja claramente en el libro The Power of Meaning (El poder del significado),[8] donde Emily Esfahani Smith afirma: "Los seres humanos nos sentimos impulsados a contar historias, ya que es así como le damos sentido al mundo".

---

8. Esfahani Smith, E. (2017). *The Power of Meaning. Editorial Crown.*

La vida que vivimos es el resultado de las historias que decidimos creer.

Antonio Núñez dice: "Somos relatos que nos alimentamos de relatos".

Pero yo añadiría: somos historias que respiran historias; pero, sobre todo, somos historias que luchan por una mejor historia.

Antes de cambiar a la persona frente al espejo, debemos cambiar a la persona que está en nuestra mente.

Cómo funciona nuestra narrativa interna

Nuestra narrativa interna tiene el poder de moldear no solo nuestro universo interior, sino también todo lo que existe a nuestro alrededor.

Amo mi mente. Es un espacio que me permite soñar, es un lugar donde todo es posible, donde mis ideas se forjan y mi vida se transforma. En mi mente puedo ser el héroe de mi mundo, puedo escapar de la realidad, donde todo es una posibilidad. Soy libre para crear. En mi mente nada es inalcanzable. Mi manera de imaginar encaja bien con mi profesión de escritor y de editor. La vida que vivo se la debo a todo aquello que imagino. Pero así como existe el lado oscuro de la luna, también existe el lado oscuro de nuestra mente. Si bien me ayuda a imaginar, también me puede hacer que me preocupe.

Los sonidos de la noche

Recuerdo específicamente un viaje a Bogotá, donde me levanté en medio de la noche. No podía dormir; la preocupación por las ocupaciones de la vida invadía mi mente. El peso de la vida era más pesado que lo que se sentía durante el día. Empecé a pensar en lo que en verdad me preocupaba, y mientras más lo pensaba, más me daba cuenta de que no era más grave de lo que había pensado durante el día; simplemente ahora sentía más su peso. Me cuestioné: ¿Por qué las cosas nos pesan más en la noche que en el día? Son las mismas preocupaciones, pero en la oscuridad se sienten más pesadas.

Ese día decidí que quería escribir un libro que se titulara *Los sonidos de la noche*, a través del cual hablaría sobre los pensamientos que tenemos en la noche. Para mí, esos son los sonidos de la noche. En verdad quería saber por qué hay cosas que nos pesan más durante la noche que durante el día, y encontré que hay varios factores que pueden hacer que nuestros pensamientos nocturnos sean más angustiantes.

En primer lugar, una de las razones es porque durante la noche tenemos menos estímulos que durante el día. Cuando todo se calma, nuestra mente tiene más espacio para reflexionar, y por eso las preocupaciones surgen con mayor fuerza. Al final del día nuestro cerebro también está más cansado, dificultando nuestra capacidad para regular emociones o racionalizar pensamientos, haciendo que estos parezcan más abrumadores.

La oscuridad juega un papel importante, ya que la noche es un momento de mayor vulnerabilidad. Nuestro cerebro asocia la oscuridad con peligro, pues históricamente estábamos más expuestos a depredadores, lo que aumenta la ansiedad.

Existen razones biológicas. Durante la noche la melatonina aumenta para ayudarnos a dormir, pero esto también puede afectar nuestro estado de ánimo. Además, la falta de luz natural puede reducir niveles de serotonina, neurotransmisor esencial para el bienestar, facilitando así la aparición de pensamientos negativos.

Finalmente, está el aumento de introspección. En el silencio nocturno es común que revisitemos mentalmente nuestro día o vida, lo que hicimos o dejamos de hacer, o le prestemos atención a preocupaciones futuras. Este tipo de introspección puede volverse negativa si predominan preocupaciones no resueltas.

¿Por qué nuestra mente gravita hacia lo negativo?

El verdadero problema es que muchas veces nuestra mente hace que la oscuridad no solo se sienta durante la noche, sino también en nuestro interior. Es fácil pensar que todo saldrá mal, que estamos cargando el peso del mundo sobre nuestros hombros. Es común dudar que cosas buenas puedan sucedernos. Nuestra mente tiende a centrarse en pensamientos negativos, un fenómeno conocido como "sesgo de negatividad". Este sesgo tiene raíces en la psicología evolutiva y la neurociencia cognitiva. Originalmente fue un mecanismo de supervivencia que ayudó a nuestros ancestros a mantenerse a salvo en entornos hostiles. Perder de vista a un animal salvaje podía poner en riesgo no solo la vida propia, sino también la seguridad de toda la tribu.

Este enfoque en lo negativo está profundamente arraigado en nuestro cerebro, especialmente en la amígdala, que procesa las emociones y es particularmente sensible a estímulos negativos. Las experiencias negativas generan una actividad más intensa y duradera en la amígdala en comparación con las positivas.

Además, los eventos negativos se codifican profundamente en nuestra memoria porque suelen involucrar emociones fuertes, haciéndolos más vívidos y fáciles de recordar. Por eso, nuestra mente gravita naturalmente hacia lo negativo. Es precisamente por esto que debemos luchar conscientemente cada día para dirigir nuestra narrativa interna. Por eso me gustan las palabras de Erwin Raphael McManus cuando dice: "La expresión negativa que tenemos no requiere trabajo, pero tener expresiones positivas demandará mucho trabajo y esfuerzo"

Las mayores batallas no se pierden en el exterior, sino en nuestra mente.

Rocky III y la mirada del tigre

Rendirse es fácil; todo el mundo lo hace. Pero tú no eres todo el mundo.

Hay momentos en la vida que nos golpean tan fuerte que sentimos que no podemos levantarnos. Eso fue lo que le pasó a Rocky Balboa en Rocky III, una película icónica sobre un boxeador cuya historia marcó a mi generación.

En este capítulo de la historia, Rocky ya no es un retador, sino el campeón de los pesos pesados. Se enfrenta a Clubber Lang, un boxeador más joven, más fuerte y más agresivo. Durante la pelea, Rocky es derrotado y noqueado brutalmente. No solo perdió el título, sino también la confianza en sí mismo.

La pelea lo dejó roto. Su entrenador había muerto, su miedo lo paralizaba y su espíritu guerrero había desaparecido. No quería volver a intentarlo.

Apollo Creed, su antiguo rival, lo encontró y le dijo:

"Perdiste esa pelea por todas las razones equivocadas. Perdiste tu ventaja. Está bien, sé que la muerte de tu mánager te dejó hecho un desastre por dentro, pero la verdad es que no parecías tener hambre. Cuando peleamos, tenías esa mirada de tigre, hombre, esa ventaja. Y ahora tienes que recuperarla, y la manera de hacerlo es volver al principio".

Apollo entendía algo profundo: Rocky no había perdido por falta de habilidad, sino por la historia que se estaba contando a sí mismo.

Así como Rocky, muchas veces nos convencemos de que ya no tenemos lo que se necesita para ganar. Nos decimos a nosotros mismos que no podemos, que no estamos preparados, que es demasiado tarde o que volver a intentar o volver a confiar dolerá demasiado.

Pero la historia no terminó ahí. Rocky decidió cambiar su narrativa interna. Durante su entrenamiento, su motivación volvió a encenderse. En su pelea de revancha contra Clubber Lang, entró al ring con una mentalidad diferente. La canción que sonaba durante todo el entrenamiento era *Eye of the Tiger*. Con cada golpe, Rocky demostraba que lo más importante en la vida es vencer el temor, y para eso es necesario desarrollar nuestra narrativa interior.

El miedo a sentir dolor no puede detener a un guerrero cuyo corazón arde con pasión. Así funciona la narrativa interior. O nos destruye, o nos construye.

Encendiendo el fuego interior

Esto lo experimenté en carne propia en el gimnasio. Un día estábamos haciendo una competencia de remo. Era trabajo en equipo, tres personas por equipo; cada cierta distancia le tocaba remar al siguiente. Cuando estábamos casi en los tres minutos finales, el entrenador dijo que quien estaba en la máquina de remar se quedara ahí, porque ya no habría tiempo para cambiar.

"LAS MAYORES BATALLAS NO SE PIERDEN EN EL EXTERIOR, SINO EN NUESTRA MENTE".

En ese momento empezaron a leer la distancia que cada equipo había alcanzado. Ahí estábamos, algunos equipos peleando el primer lugar. Yo sentía que ya había llegado a mi límite, mis músculos ardían, mi respiración era pesada, mi mente me decía que parara, todo dentro de mí me gritaba que no podía más.

Entonces, cuando tan solo faltaba un minuto, el entrenador cambió la música, y para mi sorpresa puso la canción *Eye of the Tiger*. La canción con la que toda mi generación había crecido. Una canción que, cuando la escuchas, sabes que tienes que luchar más fuerte.

De repente, algo cambió en mi interior. Mi cuerpo respondió, mi energía regresó, encontré fuerza donde no creí que tenía nada. Mis compañeros de equipo comenzaron a animarme. Mi fuerza no solo regresó, sino que ahora, por este minuto, era más fuerte y más rápido de lo que había sido durante toda la competencia. Nada había cambiado a mi alrededor, pero todo cambió en mi narrativa interior, y ese fuego fue lo que cambió el resultado de la carrera.

Me di cuenta en ese instante de que muchas veces, la diferencia entre rendirse y seguir adelante es una chispa externa que enciende la llama interna.

Ese día salí de allí pensando y preguntándome: ¿Qué pasaría si no tuviera un entrenador? ¿Si no hubiera una canción que me empujara? ¿Cómo puedo convertirme en la persona que enciende ese fuego dentro de mí todos los días?

Aprendí que si quiero lograr algo, debo trabajar en mi narrativa interior. Aunque mi mente y mi cuerpo estén por rendirse, si logro encender mi espíritu, nada podrá detenerme.

Ahí entendí que la narrativa exterior es clave, pero lo más importante es que yo mismo debo aprender a hablarme y encender mi espíritu guerrero. La clave siempre está en recordar por qué estás luchando. Antes de dominar cualquier habilidad, un guerrero debe dominar su narrativa interior. Es ahí donde la magia sucede, donde la perspectiva cambia. La negatividad siempre nos visita más rápido que la positividad, y en más de una ocasión la disfrazamos de realismo. Decimos cosas como: "Hay que ser realistas", pero la realidad es simplemente una percepción.

Cuando aprendemos a dominar nuestra voz interior, podemos cambiar todo el mundo a nuestro alrededor. Si en verdad luchas desde el amor, ningún temor te podrá derrotar, porque todo gran guerrero pelea con todas sus fuerzas por aquello que ama.

Cada vez que estoy por rendirme, mi alma y mi corazón me recuerdan que el amor es más fuerte que el dolor. Cuando recuerdo vívidamente mi promesa de por quién luchar, mi narrativa interior enciende el espíritu y mis fuerzas regresan. El dolor, el estrés, la ansiedad, la fatiga no desaparecen; simplemente el fuego que quema en mí arde con más intensidad para seguir.

Y aunque intento siempre tener esta perspectiva, hay momentos en los que el cansancio se apodera de mí. Esta no es una batalla de un solo día; la batalla por nuestra narrativa interior es una batalla de por vida. A veces creemos que la habilidad es un sustituto para nuestra mentalidad; sin embargo, dirigir nuestra narrativa interna es la mayor habilidad que podemos desarrollar.

Por eso no me sorprende cuando en el libro de la sabiduría el rey Salomón escribe: "Mejor es el lento para la ira que el poderoso, y el que domina su espíritu que el que toma una ciudad". Es más valioso dominar nuestro espíritu guerrero que alcanzar nuestras metas más altas. La habilidad de dominar nuestra mentalidad es el camino más difícil; sin embargo, es el camino que un verdadero guerrero debe tomar.

Hace un par de días había regresado al gimnasio después de algunas semanas fuera por viajes. Estaba haciendo *spinning* y, ya casi por terminar, había decidido en mi mente que iba a terminar sin esforzarme mucho más. Sin embargo, el entrenador dijo: "Se trata de luchar contra la fatiga, eso es lo que les hará mejores. Cómo deciden terminar esta clase es cómo deciden vivir su día". En ese momento mi narrativa interior se levantó en huelga contra la resignación, y con voz clara y firme me dijo: "Xavier, vamos a darlo todo en los últimos treinta segundos". El haberlo hecho cambió todo en mi día.

Ahora es tu momento de decidir si vas a permitir que la fatiga le gane a tu vida. La decisión está en ti.

"ANTES DE DOMINAR CUALQUIER HABILIDAD, UN GUERRERO DEBE DOMINAR SU NARRATIVA INTERIOR".

ANTES DE CAMBIAR
A LA PERSONA
FRENTE AL ESPEJO,
DEBEMOS CAMBIAR
A LA PERSONA
QUE ESTÁ EN
NUESTRA MENTE.

CAPÍTULO 5

LA NARRATIVA EXTERIOR: ENCENDIENDO EL ESPÍRITU GUERRERO

Las palabras pueden inspirarnos, pueden cambiarnos, pueden crear el futuro. Las palabras son magia".

—ERWIN RAPHAEL MCMANUS

Las palabras son capaces de despertar o apagar nuestro espíritu. Una escena que me hizo reflexionar mucho sobre esto ocurre en One Punch Man, cuando Aniki le dice a su hermano:

"Vamos a atacarlo con el peor método posible…".

En lugar de enfrentarlo físicamente, Aniki comienza a gritar, culpando a Saitama por la destrucción de la ciudad Z. No busca vencerlo con golpes, sino quebrar su espíritu. Intenta manipular la percepción de los demás para desmoralizarlo.

El poder de las palabras

Las palabras tienen poder porque llevan consigo significado. Los seres humanos somos, en esencia, seres en busca de sentido, constantemente tratando de darle propósito a nuestra existencia. Y las palabras construyen el significado que le damos a la vida. No hay nada más poderoso que creer las palabras que escuchamos, sean buenas o malas. Por eso debemos cuidar nuestra narrativa exterior. Cuando hablo de narrativa exterior, no solo me refiero a las palabras que otros nos dicen, sino también a las palabras que nos decimos a nosotros mismos.

La diferencia entre narrativa exterior y narrativa interior es simple:

- La narrativa interior es pasiva; surge de nuestros pensamientos, de las ideas que mantenemos en nuestra mente y, queramos o no, moldea quiénes somos.
- La narrativa exterior es activa; proviene de lo que escuchamos de los demás y de las palabras que elegimos decirnos a nosotros mismos.

Como dice mi amigo y mentor, el Dr. Dale Bronner:

"Las palabras que escuchamos se convierten en el mundo que vemos".

Las palabras tienen la capacidad de encender o apagar nuestro espíritu guerrero. Y la forma en que elegimos escucharlas definirá nuestra historia.

El impacto de las palabras que escuchamos

Además de estar llenas de significado, las palabras llevan consigo un gran peso. Son capaces de elevarnos hasta las cimas más altas o de hundirnos en las mayores profundidades. Nunca subestimes su impacto: mucho de lo que somos y lo que hacemos viene de las palabras que nos hemos creído. A menudo las palabras nos acompañan más tiempo del que imaginamos y dejan huellas más profundas en nuestro ser de lo que pensamos. En mi vida, muchas veces las palabras que más recuerdo no son las que me elogiaron, sino las que me lastimaron. Ha pasado el tiempo y, a veces, ya ni recuerdo las cosas buenas que me han dicho, pero las que me juzgaron o se burlaron de mí siguen presentes.

> **"LAS PALABRAS TIENEN LA CAPACIDAD DE ENCENDER O APAGAR NUESTRO ESPÍRITU GUERRERO".**

Recuerdo claramente un sábado en las festividades de mi colegio. Yo debía tener unos 14 años. Le pedí a mis padres unos protectores solares de colores. En algún momento de la mañana, un chico mayor pasó frente a mí, me miró y dijo: "Qué feo".

Sentí vergüenza de inmediato. Busqué un baño para borrarlo con agua, pero todas las llaves estaban cerradas. Pasé el resto del día escondiéndome, deseando no ser visto. Nunca más me puse ese protector solar. Y, hasta hoy, sigo recordando cómo me sentí. Es como si las palabras buenas se evaporaran y las que duelen se solidificaran. Así es como siento el cambio de la materia en las palabras: las positivas se olvidan fácilmente, las negativas parecen perdurar para siempre. Y es por eso que necesitamos trabajar constantemente en escuchar y hablarnos palabras positivas. Todo esto me llevó a entender que las palabras tienen poder, pero también tienen peso.

Un ejemplo claro de esto lo encontré en *My Hero Academia*. Endeavor, el héroe número uno tras el retiro de All Might, se enfrenta a su batalla más importante contra All For One, el villano más poderoso de ese mundo. Mientras Endeavor parecía tener la ventaja, All For One le lanza palabras que perforan más que cualquier ataque físico:

"Dos hijos cuyas vidas arruinaste con tu pobre paternidad".
"Nunca encontraste a tu hijo. Por supuesto que no. Ya no estaba ahí".
"Yo me encargué de que nunca lo encontraras".

Hawks grita desesperado:
"¡No dejes que se te meta en la cabeza!"

Pero ya es tarde. Endeavor se quiebra por dentro. Su fuego se apaga. Ataca con rabia… y pierde. Dejó que sus emociones crudas lo consumieran más que sus emociones puras. No fue su falta de fuerza. Fue el peso de las palabras de su enemigo lo que lo derrotó. Si un héroe veterano puede desmoronarse por palabras hirientes, ¿cuánto más vulnerables somos nosotros ante lo que escuchamos a diario?

Otro ejemplo poderoso está en la historia de David y Goliat. Durante cuarenta días, Goliat gritaba y se burlaba del ejército de Israel, intimidándolos con su tamaño y sus gritos. Nadie se atrevía a enfrentarlo. No los había vencido con su fuerza, sino con su narrativa. Sus palabras habían destruido el espíritu guerrero de los soldados de Israel. David, un joven pastor, no había estado expuesto a esas palabras. Cuando las escuchó por primera vez, no lo paralizaron. Preguntó quién era ese hombre para desafiar al ejército del Dios viviente. Su espíritu estaba intacto. Ante el rey Saúl, David recordó cómo Dios lo había librado del oso y el león. Y con convicción dijo:

"El mismo Dios que me rescató entonces, me rescatará ahora".

Esa seguridad no solo lo convenció a él, también al rey. porque nunca permitió que la narrativa del enemigo dominara su mente.

Cuando Goliat intentó desmoralizarlo diciéndole "ven a mí, y daré tu carne a las aves del cielo y a las bestias del campo", David respondió: "Tú vienes contra mí con espada, lanza y jabalina, pero yo vengo contra ti en el nombre del Señor". Luego lanzó su piedra… y venció. David no ganó solo con su honda. Ganó porque nunca permitió que la narrativa del enemigo dominara su mente.[9]

Es vital entender que las palabras que creemos —ya sean constantes o pasajeras— moldean nuestra narrativa interior. Muchas veces, sin darnos cuenta, hemos dejado que palabras equivocadas nos llenen de miedos, inseguridades y límites. ¿Qué tal si siempre tuvimos la capacidad de superar todo obstáculo, pero solo nos acompañaban palabras de derrota y desánimo?

Ningún guerrero puede levantar su moral si su espíritu está quebrado. Y son las palabras que escuchamos las que quiebran… o levantan ese espíritu. Las palabras nos forman, pero también tienen el poder de transformarnos.

---

9. Ver 1 Samuel 17

Este es el verdadero impacto de las palabras: pueden ayudarnos a volar y a triunfar, o pueden enterrarnos en el dolor y la desesperación. Las palabras no solo tienen significado, sino también peso. Y ese peso impacta no solo nuestra narrativa, sino toda nuestra vida. Las palabras que escuchamos y creemos son las que se encargan de escribir y cambiar nuestra historia.

Una vez que entendemos la profundidad de las palabras, podemos ser más conscientes de cómo nos hablamos. Podemos ser más amables con nosotros mismos y con los demás. Eso nos permitirá escribir una historia más bella, porque la verdadera belleza se mide en bondad. Y para poder vivir una vida con significado necesitamos ser bondadosos con nosotros mismos, perdonarnos y perdonar a los demás de las palabras que dejaron cicatrices en la mente, en el alma y el corazón. Si no logras perdonar las palabras que te lastimaron, seguirás atrapado en la profundidad del dolor y nunca podrás pelear con todo tu corazón.

Casi todos los días las luchas más fuertes son las que tenemos en nuestra mente; pero si lo piensas cuidadosamente te darás cuenta de que la mayoría de esas batallas son en pensamientos, y los pensamientos están escritos con palabras. Cambia tus palabras y cambiarán tus pensamientos. Elige sabiamente las palabras que usas, porque ellas no solo te definen, también pueden elevarte o hundirte. Pero, sobre todo, las palabras con las que te hablas serán las que escriben tu historia.

> **"LAS PALABRAS QUE ESCUCHAMOS Y CREEMOS SON LAS QUE SE ENCARGAN DE ESCRIBIR Y CAMBIAR NUESTRA HISTORIA".**

Si un héroe puede apagarse por lo que escucha y un joven puede encenderse por una sola frase, no es casualidad. Lo emocional abre la puerta; desde aquí, miremos qué ocurre en el cerebro cuando una palabra nos enciende… o nos apaga.

La ciencia detrás de las palabras

Es imposible negar que las palabras tienen un impacto en nuestras vidas. Si alguna vez alguien te ha dicho: "¡Qué bien te ves! Has bajado de peso", o "ese color de camiseta te queda lindo", ¿cómo te hacen sentir esas palabras? Seguramente te sacan una sonrisa y te hacen sentir bien. Es más, en muchos casos esas palabras pueden motivarte a seguir con una dieta o a comprar más ropa de ese color. Las palabras tienen un efecto peculiar: pueden provocarnos una sonrisa o una lágrima, iluminarnos o sumirnos en la oscuridad. Pero, ¿qué sucede en nuestro cerebro cuando escuchamos palabras que nos impactan? La neurociencia ha demostrado que las palabras no solo comunican ideas, también provocan respuestas químicas y neurológicas que afectan nuestras emociones y acciones.

Cuando escuchamos palabras positivas, nuestro cerebro libera dopamina y serotonina, neurotransmisores asociados con la felicidad y el bienestar. Esto explica por qué un cumplido puede mejorar nuestro estado de ánimo y motivarnos a seguir ciertos comportamientos. Además, las palabras cargadas de emoción activan la amígdala —el centro emocional del cerebro—, lo que refuerza aún más su impacto.

Por otro lado, las palabras negativas pueden desencadenar estrés y ansiedad, activando el sistema límbico y elevando los niveles de cortisol, la hormona del estrés. El cerebro humano tiene una tendencia natural a enfocarse más en lo negativo que en lo positivo —un fenómeno conocido como sesgo de negatividad, que exploramos en un capítulo anterior—. Esto significa que un comentario hiriente puede permanecer en nuestra memoria por más tiempo que una palabra de aliento.

El sesgo de negatividad es esa tendencia natural de la mente a dar más peso a lo malo que a lo bueno. Una palabra hiriente puede quedarse resonando en el alma durante años, mientras que una palabra de aliento puede desvanecerse en segundos si no se repite y se refuerza. Por eso es vital cuidar el lenguaje que dejamos entrar y el que decidimos sembrar en otros.

Las palabras no son solo sonidos o símbolos escritos; tienen un impacto real en nuestro cerebro y en nuestro cuerpo. La neurociencia lo confirma: cada palabra puede liberar neurotransmisores que encienden nuestra mente y nos empujan a la acción. La dopamina, por ejemplo, activa la sensación de logro y recompensa cuando escuchamos palabras que nos inspiran. La oxitocina —conocida como la hormona del vínculo— fortalece la confianza y el sentido de pertenencia cuando recibimos palabras de apoyo. La adrenalina, en cambio, nos llena de energía y enfoque en los momentos de desafío, preparándonos para luchar con más fuerza.

Pero no se trata solo de química. Los estudios de neuroplasticidad muestran que el lenguaje moldea nuestras conexiones neuronales: lo que escuchamos y repetimos tiene el poder de reconfigurar nuestra mentalidad a largo plazo. Cada palabra puede reforzar patrones de pensamiento que nos limitan… o abrir caminos nuevos que nos liberan. Por eso, elegir el lenguaje correcto no es un detalle menor: es un arma que puede encender nuestro espíritu o apagarlo.

Un experimento realizado en la Universidad de Stanford lo demostró de manera clara: los atletas que recibían mensajes positivos antes de una competencia mostraban mayor tolerancia al dolor y al cansancio que aquellos que recibían mensajes neutros o negativos. Eso confirma que las palabras no solo afectan nuestras emociones, sino también nuestro rendimiento físico y mental.

Las palabras también moldean nuestras percepciones y decisiones. Cuando escuchamos un discurso inspirador o una historia emotiva, se activan las neuronas espejo, permitiéndonos experimentar empatía y conectar con los sentimientos del hablante. Además, el uso de metáforas, repeticiones y estructuras rítmicas activa distintas áreas del cerebro, facilitando la retención de información y aumentando el poder de persuasión.

Más allá de lo emocional, las palabras pueden generar respuestas físicas. Un discurso conmovedor o una frase significativa pueden provocar piel de gallina, lágrimas o un aumento en la frecuencia cardíaca debido a la activación del sistema nervioso autónomo.

"LAS PALABRAS NO SON SOLO SONIDOS O SÍMBOLOS ESCRITOS; TIENEN UN IMPACTO REAL EN NUESTRO CEREBRO Y EN NUESTRO CUERPO".

Tiempo atrás vimos con Isabela la película Air, sobre cómo Nike logró firmar a Michael Jordan y cambiar para siempre la industria del calzado deportivo. La escena que lo cambia todo es el discurso de Sonny Vaccaro —interpretado por Matt Damon—, cargado de emotividad y visión. Vaccaro no ve en Jordan solo a un jugador de básquet, sino al mejor de la historia. Y se lo comunica con palabras inspiradoras, llenas de esperanza y determinación. Ese discurso no solo cambió una decisión… cambió la historia.

Si las palabras tienen el poder de cambiar la historia de una persona, de influir en nuestra química cerebral, en nuestras emociones y decisiones, ¿por qué no usarlas con mayor conciencia para cambiar nuestra propia historia? Lo que decimos y lo que escuchamos no solo nos define: moldea nuestra realidad… y, sobre todo, crea nuestro futuro.

Nuestro cerebro busca controlar la narrativa de nuestra vida. Por eso, constantemente nos posicionamos como los héroes de nuestra propia historia. Lo interesante es que el cerebro cree todo lo que hablamos, y eso moldea lo que creemos.

Un día que conversaba con mi tío Pedro —quien es médico y apasionado por estos temas de neurociencia y narrativas—, surgió una reflexión poderosa. Él me decía: "Cuando nos hablamos de manera negativa, y nos decimos cosas como "que tonto que soy", o "que gordo que estás", el cerebro empieza a creer que eso es verdad. Nuestra percepción de nosotros mismos cambia, incluso aunque no sea real".

Mi tía, que también estaba presente, intervino y dijo:

"Sí, aunque no lo estés".
A lo que mi tío respondió:
"Exactamente. El cerebro no distingue entre ficción y realidad".

Esto lo confirma el autor Will Storr en su libro La ciencia de contar historias,[10] donde menciona un estudio de la neurocientífica Sarah Gimbel. En el cual se les enseñaba a algunas personas evidencias que contradecía sus creencias políticas más arraigadas. Los escáneres cerebrales revelaron que la reacción era similar a la de alguien enfrentando una amenaza real, como si un oso les estuviera atacando.

Lo mismo sucede cuando vemos una película y traicionan a un personaje que nos cae bien. Nos frustramos, nos enojamos… aunque la ofensa no haya sido contra nosotros. Nuestro cerebro no distingue entre realidad y ficción. Y por eso reacciona como si fuera personal. Por eso debemos tener cuidado con las palabras que escuchamos, con las que elegimos creer que nos definen, y especialmente con las que nos decimos a nosotros mismos. Solo cuando comprendamos esto en profundidad, seremos capaces de encender nuestro espíritu guerrero hablándonos con verdad, con intención y con poder. Ya que un guerrero no cree todo lo que piensa, pero piensa todo lo que cree. Al final sabe que sus creencias son el combustible que enciende su corazón.

---

10. Storr W. (2022). *La ciencia de contar historias.* Editorial Capitán Swing.

Aprender a hablarnos a nosotros mismos

El año pasado tuve la oportunidad de asistir a la conferencia *The Arena* en Los Angeles, California, uno de los oradores se llamaba Jon Gordon, cuyo libro *El carpintero* fue uno de los primeros libros que me inspiró como escritor y editor.

En su conferencia él nos contó la conversación que tuvo con el Dr. James Gills, el único hombre en el planeta capaz de llevar su cuerpo y su espíritu al límite al competir en 6 dobles maratones de Triatlón Ironman. Eso quiere decir que corrió un Ironman de triatlón, y 24 horas después corrió otro. La última vez que lo hizo él tenía 59 años.

Jon le preguntó: ¿Cómo lo haces?
A lo cual el Dr. James respondió:
"En verdad es muy simple, he aprendido a hablarme a mí mismo en vez de escucharme a mí mismo, porque si me escucho a mí mismo, escucho todo lo negativo y todas las razones por las cuales no podré terminar la carrera: que mis piernas están demasiado cansadas, que ya estoy muy viejo, que va a ser imposible. Pero si me hablo a mí mismo, puedo llenarme con las palabras y el ánimo que necesito para seguir adelante y terminar la carrera".

Luego Jon continuó su charla hablando acerca de cómo si nos hablamos a nosotros mismos podemos alimentarnos de las palabras que necesitamos para seguir adelante. En otras palabras, nos estaba enseñando lo poderosa que es nuestra narrativa externa, ya que puede moldear, cambiar y transformar nuestra narrativa interna.

"UN GUERRERO NO CREE TODO LO QUE PIENSA, PERO PIENSA TODO LO QUE CREE".

Toda persona que busca despertar su espíritu guerrero debe aprender a hablarse a sí misma y no tan solo escucharse. Cuando nos escuchamos, el miedo y las excusas serán nuestra compañía, pero si somos capaces de hablarnos, podremos acceder a ese valor que quema en nuestro interior.

Es la historia de Inosuke en *Kimetsu No Yaiba*. Un niño que creció en las montañas utiliza una máscara de jabalí y anda por la vida tratando de enfrentar a cualquier enemigo para poder demostrar su fuerza. De repente se encuentra ante un enemigo formidable, alguien mucho más poderoso que él, y su diálogo interior —mientras corre despavorido de su enemigo— es muy interesante, empieza así:

—¡Qué mal! ¡Esto es un desastre! Tengo que buscar una forma de sobrevivir hasta que regrese.

De repente Inosuke hace una pausa, deja de correr, y su narrativa cambia:

—¿Por qué estoy pensando estas cosas? —Se dice a sí mismo, de repente se da la vuelta y corre hacia su enemigo diciendo:

—¡No tengo tiempo para esto!

Mientras salta en el aire para atacar a su enemigo, continúa hablando:

—No bajaré mi guardia nunca más. ¿Usar la cabeza? ¡Eso no es lo que yo hago!".

No se dio la vuelta para enfrentar a su enemigo porque sus circunstancias cambiaron, todo seguía igual en el campo de batalla, sin embargo, una simple conversación interna lo cambió todo:

¿Por qué estoy pensando estas cosas?

Esta pregunta que Inosuke se hace en su interior cambió completamente su situación. Recordó quién era: un guerrero que se enfrentaba sin temor contra cualquier enemigo.

En todos los momentos de la vida nuestra narrativa exterior puede cambiar nuestra manera de pensar y nuestra manera de luchar. En mi vida puedo recordar muchas ocasiones en las que las palabras que escuché se convirtieron en el ánimo y el valor que necesitaba para enfrentar esos momentos de dolor y de dificultad. Uno de ellos lo recordé hace poco cuando tuve el privilegio de escribir el prólogo del libro de mis padres, el cual se titula *Hablemos*,[11] un hermoso libro acerca de la importancia de las palabras y la comunicación correcta. Yo debo haber tenido cerca de 25 años y me encontraba muy deprimido y triste, pues había salido de una relación que duró algunos años, era uno de esos días oscuros donde me dolía el corazón. Mi padre estaba en la cocina, cuando entré él me miró y me dio algunas palabras que levantaron mi espíritu de una manera inesperada. Simplemente me dijo:

"Hijo, levanta la cabeza".

Ese día todo cambió para mí. Encontré una fortaleza que pensé que no tenía. Algo se había despertado. Es como si sus palabras hubieran encendido el interruptor de mi alma dando paso a mi espíritu luchador. Después de tantos años sus palabras aún me acompañan. En los

---

11. Cornejo, J. y A. (2024). *Hablemos.* Whitaker House.

momentos más oscuros de mi vida tan solo he tenido que cerrar los ojos y pensar en las palabras de mi padre: "Levanta la cabeza". Esas palabras, cortas pero directas, cambiaron toda mi narrativa interior, me llenaron de valor, despertaron mi fuerza interior y se han convertido en aliento para enfrentar cualquier dificultad.

Quizá hoy tú necesitas escuchar estas palabras, sin importar lo que estés atravesando: ¡levanta la cabeza y continúa hacia adelante! La vida sigue, si aun puedes respirar, tienes fuerzas para continuar. Hay fuego en tu interior que puede cambiar todo a tu alrededor y construir una historia mejor. Eso es lo que hace la narrativa externa, enciende y cambia nuestra narrativa interna.

Cuando empecé a pensar acerca de este libro, uno de mis principales pensamientos fue el siguiente: "¿Si hay palabras de personas que me inspiran tanto y hacen arder mi fuego interior, cómo consigo hablarme a mí mismo de tal manera que mis palabras también enciendan la llama que está dentro de mi ser?".

Jim Kwik, quien probablemente es el *coach* más importante del mundo acerca del poder del cerebro y una de las voces más destacadas en el campo del desarrollo humano, dice lo siguiente: "Si tu cerebro es una supercomputadora, lo que te dices a ti mismo es el sistema operativo en el cual funciona esa supercomputadora". Es decir, lo que nos decimos tiene la capacidad de potenciar lo que sentimos y lo que somos. El espíritu guerrero se enciende en nuestro interior cuando tenemos una fuerte narrativa exterior.

"HAY FUEGO EN TU INTERIOR QUE PUEDE CAMBIAR TODO A TU ALREDEDOR Y CONSTRUIR UNA HISTORIA MEJOR".

Es tiempo de hacer una pausa, de reevaluar tus conversaciones internas, de hacerte las preguntas correctas, de escuchar a las personas que te inspiran, y simplemente utilizar tus palabras para hablarte y amarte, de manera que después de cada conversación salgas fortalecido para enfrentar cualquier situación.

Me gustaría que te hagas las siguientes preguntas:
- ¿Cómo me estoy hablando?
- ¿Constantemente me estoy dando ánimo o me estoy criticando?
- ¿Me sirve esta manera de pensar?
- ¿Me detengo a pensar diariamente por qué estoy luchando?

- ¿Quiero correr de mi vida o quiero correr hacia la vida?
- ¿Estoy utilizando todo mi potencial o tengo más?

Estas preguntas están diseñadas para ayudarnos a reflexionar, pero sobre todo están pensadas para que descubras tres verdades: que hay más en ti de lo que imaginas; que la forma en la que te hablas transforma la manera en la que piensas; y que la manera en la que piensas determina cómo luchas por ti y por todas las personas que amas. Las escribo aquí porque yo también necesito encontrar estas respuestas todos los días. A veces estoy cansado y no quiero pensar ni luchar, pero al responderme estas preguntas logro ponerme en pie y, aún más importante que eso, logro intentar seguir avanzando. De eso se trata la vida.

Las palabras llevan consigo la fuerza de levantarnos o de marchitarnos. Mi hijo Lucas sabe eso bien. Al momento de escribir este libro, falta menos de una semana para que cumpla los 12 años, y aun me pregunto a dónde se fue la vida. Sin embargo, al escuchar y leer sus palabras sé que estará bien. Ha entendido el poder de las palabras. La razón por la cual estoy convencido de eso es porque el día de ayer, mientras jugábamos con la escritura creativa de metáforas, él escribió estas líneas:

Cuando elogias a los demás, los estás nutriendo y haces que todos se sientan seguros de sí mismos. Puedes ser tú mismo y dejar que tus ramas y raíces crezcan como tú quieras.

Así como regamos y hacemos crecer las plantas, también existe un lado oscuro: el mal. Puedes herir fácilmente a alguien si no lo nutres con agua. Puedes dejar que se marchite y se seque.

Si no nutres, también puedes avergonzar a las personas, y ellas se volverán inseguras y no dejarán que sus raíces y ramas crezcan como a ellas les gustaría. No serán ellas mismas.

Si todos pudiéramos ser una buena comunidad y nutrirnos unos a otros, nuestras raíces podrían enviar nutrientes y salud entre nosotros. Pero eso empieza con cada uno. Tenemos que decidir si vamos a seguir a Dios o elegir el mal.

Es tu decisión: tus palabras pueden nutrir o marchitar, traer bendiciones o maldiciones.

—Lucas Cornejo

Ha entendido bien el poder de utilizar las palabras para nutrir el espíritu interior de las personas, eso calienta mi alma, y me da esperanza de que está escribiendo un gran futuro. Debemos aprender a hablarnos de tal manera que cuando hayamos terminado de hablar, estemos listos para luchar.

Hoy quiero que te des permiso para creer en ti, para creer en tu potencial, para creer que tu espíritu guerrero se puede encender. Uno de los discursos más inspiradores y emotivos que he escuchado, que tiene la capacidad de hacer que mi corazón arda con ganas de vivir, es el discurso que mencioné en uno de los capítulos anteriores: Aragorn en la puerta negra de Mordor.

La humanidad está luchando por su futuro, el enemigo es atemorizante, el lugar es escalofriante, la vida muchas veces se siente así. Sin embargo, Aragorn, un guerrero que anida esperanza en su corazón, sabe que en ese momento tan difícil las palabras pueden encender a sus soldados.

> ## "HOY QUIERO QUE TE DES PERMISO PARA CREER EN TI, PARA CREER EN TU POTENCIAL".

Él los mira mientras monta su caballo y se mueve de lado a lado y les dice:

"¡Sigan firmes! ¡Sigan en posición!

Hijos de Gondor y de Rohan, ¡mis hermanos! Veo en sus ojos el mismo miedo que encogería mi propio corazón.

Pudiera llegar el día en que el valor de los hombres decayera, en que olvidáramos a nuestros amigos y se rompieran los lazos de nuestra hermandad.

Pero hoy no es ese día.

Una hora de lobos y escudos rotos rubricará el fin de la Edad de los Hombres, ¡pero hoy no es ese día!

¡Hoy lucharemos! ¡Por todo aquello que su corazón ama en esta buena tierra, los llamo a luchar, Hombres del Oeste!".

Quizá habrá un día donde nos falte el valor, donde nuestras fuerzas se acaben y nuestro espíritu se apague, pero HOY no es ese día. Hoy lucharemos por todas las personas que amamos y que nos aman.

CAPÍTULO 6

LA PSICOLOGÍA DE LA DETERMINACIÓN

"Mi única magia es nunca rendirme".

—ASTA, BLACK CLOVER

En una de mis escenas favoritas de Black Clover, Asta se enfrenta a Vetto, el llamado señor de la desesperanza. Está al borde de la derrota, pero no se rinde. Es ahí cuando su determinación se vuelve su arma más fuerte.

No sé dónde estaba el día que en la escuela nos enseñaron sobre la determinación. Lo único de lo que estoy seguro es que falté a todas las clases que se dictaron sobre ese tema. Me habría ayudado mucho aprender esto antes. Aun así, estoy convencido de que nunca es tarde para aprender algo nuevo. Y nunca será demasiado tarde para aprender a no rendirse.

Según la ciencia, nadie nace con más determinación. Factores como los psicológicos, sociales y ambientales influyen, sí, pero la determinación no es un talento con el que se nace. Es un arma que cualquier persona puede afilar. Todos la pueden desarrollar.

No se puede hablar de la psicología de la determinación sin mencionar lo que los psicólogos Edward Deci y Richard Ryan descubrieron. En su teoría de la autodeterminación (SDT)[12] explican, con lenguaje científico, algo que la experiencia humana ya había demostrado una y otra vez: la verdadera fuerza nace de adentro. Según ellos, tres necesidades psicológicas son fundamentales para sostener la motivación y el bienestar:

- **La competencia**, que es la necesidad de sentirnos capaces de alcanzar algo y que somos buenos en lo que hacemos. Es ese sentir que tenemos la habilidad y el talento para lograr lo que anhelamos.

- **La autonomía**, que es la necesidad de saber que hacemos las cosas porque queremos y nos nacen, y no por obligación. Es el sentimiento de saber que estoy en control de mi destino y que en cada paso que doy está escondida la posibilidad de llegar a él.

- **El relacionamiento**, que es la necesidad de sentirnos conectados en el mundo, de saber que somos parte de un universo que nos une con los demás, y que lo que tenemos aporta color y belleza a nuestro entorno. Es importante saber que a todos nos gusta sentirnos necesitados, y si no te lo han dicho hoy, te

---

12. O'Hara D. (2017). *The intrinsic motivation of Richard Ryan and Edward Deci.* American Psychological Association. https://www.apa.org/members/content/intrinsic-motivation.

lo digo yo: tu vida importa. Tu vida tiene la capacidad de hacer del mundo un lugar mejor.

Estas necesidades no se llenan por sí solas. Hay que trabajar. Hay que batallar contra todas las dudas para llenarlas. Y, de cierta manera, cuando logres vencer, podrás renacer. Serás una persona con una determinación indomable y una fuerza imparable.

Y cuando estas necesidades se satisfacen internamente, nuestro tanque de la alegría y del propósito se llena. La alegría le da vida a nuestra existencia, y el propósito le da poder a nuestras fuerzas. Frente a la duda, el temor, la apatía y la falta de determinación, estas necesidades se convierten en una armadura. Son intrínsecas, y quienes logran encontrarlas y trabajarlas tienden a mantenerse motivados de forma más natural y a experimentar un mayor equilibrio emocional.

"NUNCA SERÁ DEMASIADO TARDE PARA APRENDER A NO RENDIRSE".

La determinación no nace de los días fáciles. Se forja en el fuego de la adversidad y aparece en esos momentos donde la mente está exhausta y el cuerpo no da más. La adversidad no está diseñada para quebrar el espíritu humano, sino para encenderlo, forjarlo y levantarlo a un nuevo nivel. No es la adversidad la que nos destruye; es el miedo a no saber cómo enfrentarla lo que nos puede quebrar. Pero cuando un hombre hace las paces con la muerte y el dolor, se vuelve un arma imparable. Sun Tzu lo sabía a la perfección: "Lanza a tus soldados en posiciones de las que no puedan escapar, y preferirán la muerte antes que la huida. Si enfrentan la muerte, no habrá nada que no puedan lograr".

Ha sido muy difícil para mí, y aún lo es, aprender a no rendirme. Cuando escribí mi libro *La historia dentro de ti*, uno de los recuerdos que compartí fueron las palabras de mis padres: "Xavier, el problema es que nunca acabas nada de lo que empiezas". Esas palabras se volvieron parte habitual de mi personalidad, se convirtieron en una lucha constante en mi cabeza, ya que si algo era difícil de dominar, se me hacía muy fácil renunciar. Y aunque muchas veces parece que ya he vencido esos pensamientos, constantemente regresan a mi mente.

Incluso después de haber terminado de escribir mi primer libro, me prometí que nunca más iba a volver a hacerlo. Estaba exhausto mentalmente y no pensé que tendría la fuerza para hacerlo nuevamente. Me había rendido sin ni siquiera volverlo a intentar. Pero un día sentí el fuego de una sola oración en mi corazón: "Nunca vayas a la guerra sin una estrategia". Eso se volvió el tema central de mi segundo libro. Esas palabras despertaron en mí la determinación para avanzar, y aunque lo hice, la batalla entre rendirse o continuar reaparecía constantemente.

No estoy seguro de que esa batalla desaparezca por completo algún día, pero es mi promesa a mi esposa y a mis hijos que nunca me rendiré de luchar por ellos y por mí. Tanto por su propósito como por el mío. Tal como lo escribí en el capítulo tres, ellos son el combustible que enciende mi espíritu guerrero.

Mientras caminaba por la hermosa calle Donceles, en el centro de la Ciudad de México, buscando librerías de libros usados con Bernardo Stamateas, íbamos emocionados como niños pequeños que compran un sobre de cromos para su álbum. La anticipación de no saber lo que puede salir acelera el corazón con emoción. Así se siente ir a la librería de usados, porque nunca se sabe el tesoro que se puede encontrar.

Cuando me preguntó qué tipo de libros estaba buscando, le conté acerca de cómo el tema del espíritu guerrero no salía de mi mente. Me dijo: "Ese es un tema muy lindo", y comenzó a darme una grata lección de psicología.

Me explicó que existen tres tipos de motivación: la extrínseca, que espera una recompensa externa; la intrínseca, que se orienta hacia el bienestar interior; y finalmente, la más fuerte de todas, la motivación trascendental, la que busca dejar una huella imborrable en el mundo. Es la que enciende a los padres a luchar por sus hijos, y a las personas a dejar un mundo mejor. Cuando la motivación de trascender es consciente, nuestro potencial es imparable. Una persona que busca permanecer en el tiempo lucha desde las intenciones más puras, no por su beneficio, sino por el beneficio de los demás, y aún más profundamente, por el beneficio de los que vendrán.

Imaginar un mundo mejor es lo que hace a un guerrero luchar con todo su corazón. Y aunque la motivación es el inicio del éxito, la determinación es el camino para llegar ahí. Recuerda que la motivación nos ayuda a empezar, pero solo la determinación nos lleva a terminar. La motivación nos ayuda a descubrir lo que nos enciende, pero la determinación es la que hace la diferencia en las personas que trascienden. La línea que separa a una persona común de un guerrero extraordinario se llama determinación. Una vez que la cruzas, nada vuelve a ser imposible.

La mejor persona de la que podamos aprender esto es Caleb, el guerrero hebreo que no tuvo dudas para enfrentar gigantes. Incluso a sus 85 años, su determinación seguía intacta: "Todavía estoy tan fuerte como el día que Moisés me envió; cual era mi fuerza entonces, tal es ahora mi fuerza para la guerra, y para salir y para entrar". (Josué 14:11). Caleb no habla como un anciano cansado. Habla como un guerrero lleno de vigor y decisión. No pide una tierra fácil: pide Hebrón, tierra de gigantes. Esa es la clase de fe y determinación que trasciende.

Una persona con determinación levanta e inspira a las demás. Les hace creer que todo puede suceder. Les contagia su energía, su valor, pero sobre todo su determinación. Si quieres saber cuánta determinación tienes, mira si las personas a tu alrededor están luchando todos los días con todas sus fuerzas.

"LA MOTIVACIÓN ES EL INICIO DEL ÉXITO, LA DETERMINACIÓN ES EL CAMINO PARA LLEGAR AHÍ".

Una de las escenas más poderosas en Samurai Rabbit es cuando Usagi, derrotado, deja a Hana al cuidado de su tía. Está a punto de abandonar su sueño de ser samurái. Antes de irse, su tía lo detiene:

—No puedes volver a la finca. Si lo haces, tu corazón se apagará. Tú soñabas con ser samurái desde antes de aprender a caminar.

Minutos después, Usagi encuentra un sensei que lo invita a entrenar.

Cuando su tía lo busca, ya no está.

Hana, confundida, pregunta:

—¿A dónde fue Usagi?

Y su tía responde:

—Hacia adelante.

Sin importar cuán difícil se ponga tu día, debes tomar la decisión de que tu meta será seguir "hacia adelante". Esa determinación debe vivir en tu corazón. La vida no se trata de ganar solo una vez, se trata de levantarse, de volver a intentar. Que tu determinación para continuar sea tu mayor arma, que cuando las personas te observen, miren en ti un guerrero que nunca se rinde.

Algunos confundirán tu determinación con talento. Yo no atribuiré tu grandeza a tu talento, yo la atribuiré a tu determinación. Aunque quizá para muchos la psicología de la determinación esté en su mente, para mí la psicología de la determinación vive en el corazón.

Una de mis lecciones favoritas como escritor la aprendí en el *master class* de Salman Rushdie, cuando dice que lo que te hace ser escritor no es el empezar a escribir, sino el terminar lo que escribes. De la misma manera, lo que te hace un guerrero incomparable no es empezar la batalla, sino luchar hasta el final.

Sin importar si es Naruto queriendo ser Hokage o Asta buscando ser el Rey Mago, su determinación es admirable. Y aunque ellos solo sean personajes de ficción, su determinación también enciende mi corazón.

Aunque admiro a muchos guerreros en diferentes culturas y momentos, mi guerrero favorito es Jesús. La historia nos cuenta que, con determinación, por el gozo puesto delante de él, entregó su vida por la humanidad. Él podía haberse librado de todo dolor, sin embargo lo sufrió por amor. Su determinación nunca se derribó. Y aunque hubiera preferido no tener que enfrentar todo lo que enfrentó, su amor por nosotros no le permitió renunciar. No hay mayor ejemplo de determinación que ese.

Uno de los escritos más inspiradores sobre este tema lo encontré en el Hagakure: *El camino del Samurai*, de Yamamoto Tsunetomo: "El señor Ieyasu libró una vez una batalla sin éxito, pero más tarde se dijo de él: 'Ieyasu es un general muy valeroso. De todos sus samuráis que murieron en combate, ninguno se volvió atrás. Todos quedaron muertos cara al enemigo".

"LO QUE TE HACE UN GUERRERO INCOMPARABLE NO ES EMPEZAR LA BATALLA, SINO LUCHAR HASTA EL FINAL".

Nuestra determinación debe estar tan marcada en nuestro corazón que, aun si la adversidad nos fuera a matar, puedan decir de nosotros que morimos con los ojos puestos en el enemigo.

Cuando llegue el final de mi vida, quiero que se diga de mí que morí con los ojos puestos en el enemigo.

Pero eso mismo quiero para ti.

CAPÍTULO 7

EL PODER DE ESCRIBIR

*"Si leer es un regalo para la mente,
escribir es un regalo para el alma".*

XAVIER CORNEJO

U no de mis escritos favoritos se encuentra en el libro de Habacuc, un libro escrito entre los años 612 y 587 a. C. El pasaje del cual hablo se lee así: "Escribe la visión y grábala en tablas, para que corra el que la lea".[13] En este pequeño escrito se encuentran verdades profundas. La primera es que todo guerrero necesita una visión. Debe imaginar el futuro que guarda en su corazón. Y una vez que tenga esa visión, debe escribirla para poder correr hacia ella.

En uno de esos viajes donde las visitas a librerías me hacen olvidar el tiempo, entre portadas y títulos, donde conviven historias e imaginación, me encontré con un libro que habló mi lenguaje y me invitó a leerlo. Rápidamente se convirtió en un viaje inesperado por su contenido. El título del libro es *La magia de leer en voz alta*, de Meghan Cox Gurdon.[14] La autora menciona un estudio del doctor John S. Hutton, del Cincinnati Children's Hospital, que muestra algo extraordinario: cuando escuchamos

13. Habacuc 2:2 (LBLA)

14. Cox Gurdon, M. (2020). *La magia de leer en voz alta*. Editorial Urano.

historias leídas en voz alta, no solo se activa la parte auditiva del cerebro. También se encienden las zonas encargadas de la visualización, el lenguaje y la comprensión narrativa. El cerebro crea más conexiones cuando escuchamos y visualizamos al mismo tiempo.

Esto quiere decir que cuando escribimos nuestra visión y la repetimos en voz alta, nuestro cerebro crea más conexiones. Esas conexiones se convierten en energía para correr detrás de esa visión. No basta con imaginarla: hay que escribirla, decirla, escucharla y trabajarla para convertirla en algo real. Cuando la visión entra por los sentidos, se ancla en lo más profundo del corazón. Esto hará que todo en nuestro interior quiera correr hacia ella.

Y aunque todos queremos correr al futuro que podemos imaginar, el primer paso es escribirlo y describirlo.

Mientras volaba de regreso a casa, no tenía mucho para entretenerme en el avión. No había internet, ninguna película llamaba mi atención y ya había acabado el libro que tenía para leer. Así que hice lo que muchos de nosotros hacemos: comencé a ver mis fotos en el teléfono, buscando recordar momentos o borrar imágenes que solo ocupaban espacio.

De repente, mi teléfono me mostró un video que había creado titulado "Fotos a través de los años". Fue un viaje increíble al pasado. Recordé momentos hermosos de mi vida, lugares a los que nunca pensé que iría, instantes de la infancia de mi hijo que me alegraban el corazón, y tiempo compartido con Isabela en lugares mágicos. No pude evitar sentir una profunda gratitud por la vida. Pensé: "Si muriera en este instante, moriría feliz por todo lo que he podido experimentar".

Me encanta recordar. Es mágico. Me traslado a momentos y lugares de mi pasado que me dan paz. La nostalgia es un regalo que abriga nuestro interior cuando el mundo exterior parece frío y difícil. Sin embargo, después de pensar y meditar en esto por unos minutos, una convicción entró en mi corazón: "Quiero vivir mis días con mayor intensidad. Quiero ver a mis hijos crecer y a mi esposa florecer. Aunque he tenido una gran vida, quiero luchar por un futuro mejor. Quiero que mis mejores historias estén en mi futuro, no en mi pasado". Ahí entendí algo esencial: un guerrero debe soñar, crear y proteger el futuro que anhela en su corazón. Pero la única forma de saber qué es lo que en verdad queremos, es escribir nuestra visión.

Así como hicimos antes, cuando hablamos de escribir la razón por la cual luchamos, aquí también el acto de escribir se vuelve crucial. Cuando una persona tiene visión y la escribe, podrá correr con ella y hacia ella. Cuando un guerrero escribe su visión, finalmente puede luchar con todas sus fuerzas. Al escribir sacamos a la luz todos nuestros ideales; ahora sabemos de manera profunda por qué luchar. Un guerrero que sabe por qué lucha, ha dejado el miedo a la muerte atrás. Esta ya no le asusta porque alcanzar sus ideales se vuelve una fuerza más poderosa que el miedo. Cuando no sabemos por qué vivir, lo único que conseguimos mientras respiramos es meramente existir.

Recuerdo una historia que cuenta el Dr. Myles Munroe en su libro *Los principios y poder de la visión*. Durante una Navidad, su hijo Chairo, de apenas cuatro años, vio un caballito mecedor en una tienda y se subió. Se aferró con fuerza, moviéndose hacia adelante y hacia atrás, sudando de tanto esfuerzo. Estaba totalmente concentrado. Pero había un detalle: no avanzaba a ningún lado. Myles Munroe observó a su hijo y entendió algo profundo: hay personas que se esfuerzan cada día, que sudan, que gastan su energía, pero no avanzan hacia ningún destino real. Están en movimiento, sí, pero atrapadas en el mismo lugar. Así también vivimos muchos de nosotros:

ocupados, cansados, luchando, pero sin movernos realmente hacia nuestro propósito. Escribir nuestra visión es como dinamita para encender nuestro corazón. Nos saca del caballito mecedor de la vida y nos pone a caminar, a luchar y avanzar hacia el destino que llevamos en nuestro corazón.

Existen dos grandes regalos para la humanidad: las palabras que le dan sonido al pensamiento y la escritura que le da sentido al pensamiento. Escribir traduce nuestras ideas y nuestros pensamientos, pero sobre todo, escribir une nuestra mente con nuestra alma. La escritura es una de las armas más poderosas con las que cuenta el ser humano. Para quienes buscan encender su espíritu guerrero, la escritura es una necesidad básica. Todos luchamos por darle sentido a nuestra vida y color a nuestro universo, y es precisamente ahí donde entra la escritura: las palabras no solo pintan cuadros, también tienen el poder de pintar nuestro destino.

Uno de mis libros favoritos se titula *Escritura Exploratoria*, de la autora Alison Jones.[15] Una de las mayores enseñanzas que encontré en ese libro fue la paradoja del chimpancé, del psicólogo Steve Peters. Él explica

---

15. Jones, A. (2024). *Escritura exploratoria*. Editorial Sirio.

de manera sencilla las funciones del cerebro a través de tres personajes internos: el humano, la zona frontal del cerebro, principalmente consciente, curiosa, racional y empática, la que busca sentido y propósito y que nos gusta pensar que siempre está al mando; el chimpancé, la zona primitiva llamada límbica, que se guía por la emoción y el instinto, reactiva, codiciosa y perezosa, capaz de actuar con mucha más rapidez que el cerebro humano; y el ordenador, en la zona parietal, que almacena creencias y conductas que surgen de la interacción entre esos dos sistemas, y que se puede programar deliberadamente mediante el hábito, lo cual nos ayuda a tomar mejores decisiones.

Luego de esta explicación, Alison continúa diciendo que casi siempre es el chimpancé quien toma el control. Es el primero en reaccionar y el más difícil de contener. Esa es la razón por la cual podemos meternos en problemas al decir cosas sin pensar. Y aquí entra la escritura. Escribir nos permite frenar al chimpancé y darle paso al humano. Nos permite analizar. Nos permite responder en lugar de reaccionar. La escritura tiene la capacidad de despertar una versión más consciente, curiosa, racional y empática de nosotros mismos. Pero, sobre todo, escribir nos ayuda a entender lo que realmente pensamos.

Nunca sabrás lo que en verdad piensas de un tema hasta que lo escribas. Escribir es la mejor forma de entender qué es lo que en verdad creemos y pensamos. Cuando quiero saber qué es lo que pienso de un tema, lo escribo. Mis pensamientos suelen ser desordenados, pero cuando los escribo les doy orden, y eso me permite saber qué es lo que en verdad pienso sobre algo. Es curioso que hay muchas cosas que no puedo recordar; sin embargo, puedo recordar todo lo que he escrito en mis libros. El libro de la sabiduría dice lo siguiente: "Aunque el buen consejo esté en lo profundo del corazón, la persona con entendimiento lo extraerá" (Proverbios 20:5, NTV). Lo que esto quiere decir es que hay sabiduría en tu interior. Solo piensa en todo lo que has atravesado, todo el dolor que has enfrentado y todo lo que has aprendido. Escribir es la forma de extraer todo el conocimiento que está en tu interior.

Otra de las lecciones importantes en el libro de Alison fue el tema de las dimensiones neurológicas que la escritura exploratoria tiene y que la hace tan eficaz para mejorar nuestra vida. La dimensión más impactante para mí fue la que "nos permite liberar el arma secreta de nuestro cerebro: la narración, al servicio del *sensemaking* (dar sentido)". Es nuestro narrador interno el que le da sentido a nuestra vida, el que se encarga de unir los puntos de por qué nos pasa lo que nos pasa. Este narrador es el que nos cuenta la historia de nuestra vida, es el que le da sentido a nuestro pasado, el que nos proyecta como héroes de nuestra historia y no como víctimas.

"LAS PALABRAS NO SOLO PINTAN CUADROS, TAMBIÉN TIENEN EL PODER DE PINTAR NUESTRO DESTINO".

El problema es que nuestro narrador interno no ve el mundo como es; lo interpreta según nuestras experiencias y creencias limitantes. Es el que nos dice que hoy nos sucedió algo como consecuencia de que ayer hicimos otra cosa. Busca causalidad aun donde no la hay. Y si bien nos ve como héroes de nuestra historia, también podría hacernos creer que somos víctimas de los demás. Escribir nos permite tomar control sobre el narrador interno porque nos ayuda a cambiar nuestra narrativa. Escribir lo que sentimos y pensamos en una situación determinada transforma la forma en la que entendemos lo que vivimos.

Uno de los mejores usos de la escritura es que encuentra salidas a problemas que parecían imposibles, pero también halla las palabras correctas para traducir nuestras emociones. Una vez que podemos traducir nuestras emociones, entendemos mejor nuestra realidad. Eso cambia la forma en la que percibimos el mundo. A la luz de la escritura podemos darle sentido a todas las experiencias de nuestro pasado. Sin importar cuán dolorosa haya sido nuestra vida, escribir sobre lo que nos sucedió puede darle una nueva luz. Esto nos permite reflexionar sobre quién somos a raíz de lo que hemos vivido. Es en ese momento cuando puedes decidir: ser víctima del pasado o ser el héroe de tu historia. No se puede ser las dos cosas. La decisión de si serás el héroe o la víctima de tu vida está en ti. Esa es la magia de escribir: puede transformar un pasado doloroso en un futuro grandioso.

Hay personas que tienen una gran capacidad de autoanálisis, lo que les permite pensar con claridad sobre diferentes temas. Esa es una gran habilidad. Sin embargo, solo escribir convierte el autoanálisis en un hábito permanente que nos permite ganarle la batalla a la mente. Sobre todo, nos permite imaginar un futuro lleno de posibilidades y recordar por quién debemos luchar. El guerrero que no escribe sus pensamientos está peleando con los ojos vendados.

Una de mis escenas favoritas de cómo el autoanálisis puede impulsarnos está en *Kimetsu No Yaiba*. Es el momento en que Tanjiro enfrenta a un enemigo que le parece invencible. Está analizando cómo vencerlo y su narrador interno comienza a hablar: "Tengo miedo de acercarme. Si voy de frente para atacar, temo que el dolor me haga dudar. Si eso sucede, mi enemigo me matará. No puedo dejar de pensar las cosas más horribles". Luego imagina a su maestro y le dice: "Ayúdame", a lo que su maestro le responde: "Considera las características del agua. Si la pones en un contenedor será cuadrada, en una botella será redonda. Puede partir piedras o desplegarse hasta donde dé la vista".

A través de esto, Tanjiro recuerda que puede adaptarse a cualquier oponente. Piensa que puede enfrentar a cualquiera. La reflexión que lo cambia todo es cuando se da cuenta de que, más allá de tener huesos rotos, su espíritu estaba quebrado. Justo después de esta reflexión, la voz de su narrador cambia por completo. Sus siguientes pensamientos fueron: "Mira adelante. Junta todo tu valor. Da todo lo que tienes. ¡Tú puedes!". Es el momento en el que se levanta, toma su espada y asume su posición de guerrero. Su narrativa externa es diferente, y sus palabras: "Pude sobrevivir hasta ahora. ¡Sé que tengo todo lo que hace falta! Ya sea hoy o mañana, te aseguro algo: ¡No cabe duda de que no me rendiré!"

Este es el poder que tiene la reflexión y el autoanálisis, el cual se puede alcanzar de manera poderosa a través de la escritura. Muchas veces, sin siquiera darnos cuenta, hemos dejado de luchar. Tenemos miedo al dolor que la vida nos puede causar. Creemos que debemos evitar el dolor físico y emocional. Pero lo verdaderamente importante es que nuestro espíritu no se quiebre. Después del dolor podemos volver a levantarnos, podemos volver a intentarlo y, con seguridad, podemos ganar. Se puede vivir después de una derrota, pero no se puede vivir con un espíritu destruido.

La escritura nos ayuda a sanar, pero sobre todo nos ayuda a levantar el espíritu. Un guerrero nunca debe dejar de escribir, reflexionar, pensar y meditar. Pero, sobre todas las cosas, nunca debe dejar que su espíritu se quiebre. Esa siempre será su arma más poderosa. Escribir es una forma de lograr que nuestro espíritu arda.

Un ejemplo práctico proviene de Alexander Loyd en *Beyond Willpower*[16]. Él propone un ejercicio sencillo de escritura

---

16. Loyd, A. (2015). *Beyond Willpower: The Secret Principle to Achieving Success in Life, Love, and Happiness*. Editorial Harmony.

reflexiva: haz una lista de tus miedos y califica cada uno del 0 al 10 con estos valores:

0 = no me preocupa
10 = me abruma por completo

Luego haz una lista de tus deseos y califica tu nivel de confianza del 0 al 10:
0 = sin confianza de que se cumplirán
10 = certeza absoluta

Revisa ambas listas a diario durante 40 días y reajusta las calificaciones a medida que avances. Ten por seguro que los indicadores cambiarán.

Este ejercicio es una forma poderosa de reprogramación mental. Para lograrlo, nombra los detonantes, pero permite que tu escritura no sea solo un desahogo, sino un arma: contrarresta los detonantes con la verdad, declara un nuevo guion, da el siguiente paso, crea el hábito, visualiza la victoria, ora o reflexiona, y registra el cambio. Recuerda: nos convertimos en aquello que creemos.

Y si algún número no se mueve, reduce el paso, busca consejo o cambia el entorno.

Esto transforma la escritura en entrenamiento: afila tu espada, fortalece tu determinación y alimenta un espíritu que no se quiebra.

Hace pocos días leí lo siguiente: "El guerrero que cultiva su mente pule sus armas". Este dicho se atribuye al legendario samurái Takeda Shingen, conocido por su brillantez táctica y su dedicación al arte de la guerra. Un guerrero debe trabajar en cultivar su mente, entender sus miedos y buscar formas de enfrentarlos. Eso es exactamente lo que hace la escritura.

Así que si quieres luchar con todo lo que tienes: escribe. Escribe para sanar, escribe para soñar. Escribe para no olvidar hacia dónde corres. Y sobre todas las cosas, escribe para recordar por quién peleas.

LA ESCRITURA
NOS AYUDA A SANAR,
PERO SOBRE TODO NOS
AYUDA A LEVANTAR
EL ESPÍRITU.

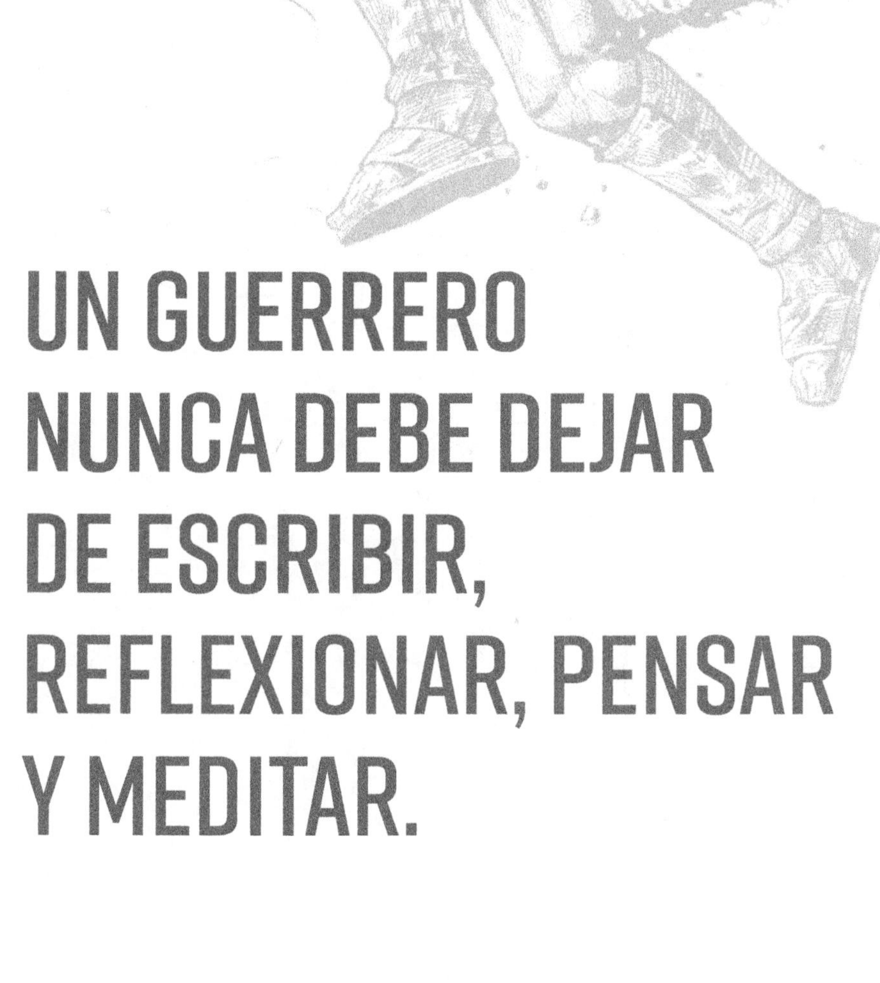

UN GUERRERO
NUNCA DEBE DEJAR
DE ESCRIBIR,
REFLEXIONAR, PENSAR
Y MEDITAR.

CAPÍTULO 8

CREENCIAS

*"Una vida no examinada
no vale la pena ser vivida".*

—SÓCRATES

C reencias. Convicciones. Comportamiento. Así se construye tu destino.

Nuestras creencias se convierten en convicciones, las convicciones guían nuestro comportamiento, y el comportamiento construye el futuro que habitaremos. La fortaleza de una persona está arraigada a la fuerza de sus creencias.

Creencias que limitan y convicciones que liberan

Muchos saben que Erwin Raphael McManus es uno de mis autores favoritos. Mientras leía su libro Genio,[17] me encontré con unas palabras que quizá para muchos pasan desapercibidas porque están escondidas entre el texto. Ni siquiera son el núcleo central del capítulo, pero para mí fueron demasiado importantes. Erwin estaba contando una historia que decía así: "Estaba sentado detrás del escenario esperando mi turno para ser

---

17. McManus, E. (2024). *Genio*. Whitaker House.

entrevistado en un programa de televisión. El invitado que había hablado antes de mí era un conocido experto en liderazgo; había leído sus libros cuando desarrollaba mi propia filosofía".

Ahí, en ese pequeño párrafo, escondido a plena vista, hay una enseñanza profunda. Está en las palabras "cuando desarrollaba mi propia filosofía". En el momento en que leí esa línea, mi cabeza no pudo dejar de pensar: ¿He sido capaz de desarrollar mi propia filosofía de vida? ¿Y si lo he hecho, en qué áreas la he construido?

La primera vez que fui a Madrid quedé cautivado por esa hermosa ciudad. Inmediatamente, sin saber cómo, me sentía parte de ella y de su cultura. Me fascinó la hegemonía que tiene la ciudad. Se puede respirar arte por dondequiera que uno camina. Sin duda, sentí que había llegado a un lugar donde mi corazón pertenecía. Es difícil describir todas las sensaciones que me provocó estar allí.

Por supuesto, visité todas las librerías posibles, desde Tipos Infames, en Malasaña, hasta La Casa del Libro, en la Gran Vía. Estaba fascinado con los libros que encontré. Parecía un niño en su primer viaje a Disney, pasando horas viendo portadas, títulos y subtítulos, disfrutando de la genialidad en cada detalle. Algo que solo los amantes de los libros pueden entender.

En ese viaje descubrí a un escritor que se ha convertido en uno de mis preferidos. Hasta ahora ha escrito cuatro libros, y los leí todos en menos de tres días. Su nombre es Isra Bravo, el mejor copywriter de España. Su título y todo lo que escribió en la portada de *El libro de copywriting*[18] me atrapó al instante. Lo busqué en redes sociales y no lo encontré; luego descubrí que no le gustan. Pero lo busqué en YouTube y hallé varias entrevistas. Sin duda, es alguien a quien me encantaría conocer. Una de las cualidades que más admiro en él —lo reconozca él o no— es que tiene muy clara su filosofía de vida.

En una de sus entrevistas dijo que el refrán "vive como si fuera tu último día" le parece algo triste. Él prefiere vivir como si fuera el primer día porque, según él, en el primer día uno es más curioso y tiene más ganas de descubrir lo que aún no sabe, y no damos nada por sentado. Es un gran punto el que aporta a la mesa.

Sin embargo, cuando lo escuché decir eso, la pregunta que llegó a mi mente fue: "¿Cuál es mi filosofía sobre

---

18. Bravo, I. (2023). *El libro de copywriting*. Alienta Editorial.

esto?". Después de pensarlo un momento, supe que yo sí prefiero vivir mi vida como si cada día fuera el último. Porque cuando sabemos que algo no se repetirá más, lo valoramos de una forma que no sería posible de otro modo. ¿Cuántos momentos de la vida los apreciaríamos más si supiéramos que es la última vez que los vivimos? Si hubiera sabido que la última vez que estuve con mis abuelos sería, de verdad, la última, los habría abrazado más. Quizá los habría disfrutado con más intensidad, pidiéndole al reloj que detenga su camino, como dice la letra de uno de sus boleros favoritos. Esto no es para generar remordimiento; es simplemente aprender a valorar más cada momento. Al final, el tesoro más grande de la vida no son las riquezas adquiridas, sino los momentos compartidos.

"EL TESORO MÁS GRANDE DE LA VIDA NO SON LAS RIQUEZAS ADQUIRIDAS, SINO LOS MOMENTOS COMPARTIDOS".

Estoy convencido de que si viviéramos cualquier experiencia como si fuera la última, lo haríamos con más intencionalidad, disfrutando la belleza de un momento que no se repetirá jamás. Hace unos días fui con Lucas al cine. Él estaba emocionado por ver la película Los 4 Fantásticos. Una de las escenas que me dejó pensando fue cuando Silver Surfer, enviada por Galactus, advierte que la Tierra será destruida. Ella dice estas palabras: "Tengan a sus seres amados cerca, y díganles las palabras que han tenido miedo de decirles. Utilicen este tiempo para reír y celebrar… porque su tiempo es corto.

Y aunque por ahora no estamos bajo una amenaza real de Galactus, hay una verdad que permanece: el tiempo es corto, la vida es rápida. Así que vivamos con intensidad y valentía cada segundo, porque lo que haces con tus días es tu regalo para el mundo. Al final, la vida es una serie de momentos pasajeros que debemos aprender a disfrutar. Sean buenos o malos, son parte de nuestra vida y son los que hacen de nuestra historia algo hermoso. Si todo en la vida fuera lineal y predecible, sería aburrido. Pero es en lo impredecible que aprendemos la valía de cada momento.

Creencias guías: el ancla del guerrero

Sigo creyendo que Isra Bravo es un genio, aunque en ese punto no estemos de acuerdo. Lo importante no es pensar igual, sino entender que cada uno puede desarrollar su propia filosofía de vida, sin tener que atacar las creencias de los demás. Nuevamente quiero insistir: la fuerza de un guerrero está en la profundidad de sus convicciones. Cuando lo que creemos se convierte en una convicción, hemos encontrado algo que fortalece nuestro espíritu y nos prepara para la batalla. Una de las mayores cualidades que encuentro en los personajes de anime que me hacen soñar son sus convicciones fuertes, las cuales les permiten luchar con todo su corazón. Desde Naruto, que quiere ser Hokage porque así podrá proteger a las personas que ama, lo vemos en sus palabras: "No quiero ser Hokage para que me reconozcan… quiero serlo porque quiero proteger a todos"; hasta Asta, que busca ser el Rey Mago para tener un mundo más justo y proteger a todos, incluso a quienes no creen en él, con convicciones como: "El verdadero Rey Mago no discrimina; protege incluso a los que lo odian". Muchas veces, viendo estas escenas, pienso: ¿Cómo pueden proteger incluso a personas que les quisieron hacer daño? Es algo que me cuesta entender. Sin embargo, su resolución es absoluta: creen en esas verdades con todo su corazón. Y eso les da una fuerza imparable que proviene de tener convicciones sólidas.

Caleb, el guerrero que ya mencioné, es una prueba clara de que tener creencias fuertes es la base para tener un espíritu inquebrantable. Dios le dio una promesa: que conquistaría la tierra prometida. Y aunque todos a su alrededor temblaban ante los gigantes que ahí moraban, Caleb estaba listo para la batalla. Su fortaleza provenía de su fe en Dios y en la promesa que Él les había dado. Su espíritu ardía por alcanzar lo que su corazón creía. La mejor manera de vivir es con un espíritu que arde por alcanzar todo lo que nuestra mente puede imaginar.

"LA FUERZA DE UN GUERRERO ESTÁ EN LA PROFUNDIDAD DE SUS CONVICCIONES".

En la historia de El principio después del final, Arthur Leywin carga con los recuerdos de su vida pasada como un rey frío y distante. Su mayor transformación no vino de una batalla exterior, sino de una pregunta interior: "¿Qué clase de vida quiero vivir esta vez?". Esa simple pregunta se volvió una brújula para él, un recordatorio constante de que podía redefinir quién era y en qué creía. Su vida pasada le había dado poder, pero también vacío. Esta vez decidió que su fuerza debía nacer del amor, de la familia y de la protección de quienes amaba. Ese ejemplo ilustra el poder de cuestionar nuestras creencias y convicciones más profundas. Porque cada uno de nosotros, al igual que Arthur, puede cargar con pensamientos heredados, con hábitos que parecen inevitables, con cadenas que nos mantienen en la misma versión de nosotros mismos. Pero basta una pregunta sincera para desafiar esas creencias: ¿Qué clase de vida quiero vivir? Cuando un guerrero se atreve a cuestionar lo que cree, abre la puerta a la transformación, a reconstruir su visión y a encender su espíritu desde un lugar más puro y verdadero.

Muchas veces pensamos que nuestras creencias son inofensivas, que simplemente están ahí. Pero en verdad nuestras creencias pueden ser muy peligrosas, pues tienen la capacidad de limitarnos o encasillarnos. El problema es que muy pocas personas cuestionan sus creencias, ya que las mismas parecen lógicas. Están implantadas en nuestra mente, son parte de nosotros, y no solo eso: están arraigadas en nuestro instinto de supervivencia. Por eso, cuando alguien cuestiona alguna de nuestras creencias, nos enojamos. Nos parece ilógico que los demás no entiendan nuestro punto de vista. Tener creencias que nos limitan es como tener un enemigo encubierto viviendo en nuestra mente. Un enemigo que ni siquiera sabemos que está ahí, pero que está robándonos nuestro mejor futuro. Por eso es importante que cuestionemos nuestras creencias. Porque si lo hacemos, podemos desenmascarar a ese enemigo silencioso que vive en nosotros.

Un guerrero que entiende por qué lucha ya ha ganado la mitad de la batalla. En la vida es importante hacer una pausa y preguntarnos por qué y para qué estamos aquí. Pero la pregunta más profunda de todas es: ¿por quién estamos aquí? La lucha en el exterior nunca será más intensa que la lucha en el interior. El definir nuestras creencias es una manera de ganarle a nuestra mente. Nuestros pensamientos son como la marea: cambian constantemente. Pero nuestras convicciones tienen que ser como la tierra firme en la que anclamos nuestras vidas. Lo que pensamos y sentimos mueve nuestros pies, pero lo que creemos mueve nuestra alma. Así que, ¿cuáles son las creencias que te guían? Quizá puedes empezar haciéndote estas simples preguntas: ¿Por qué me levanto cada día? ¿Cuál es la razón de mi existencia? ¿Qué pienso acerca de mí? ¿Qué es lo más importante en la vida? Todos buscamos una existencia llena de significado; encontrarlo no es fácil, requiere valor y requiere fuego. Si sabes por qué y por quién luchar, cuando cruces el umbral del dolor de la vida, habrás encontrado el significado que tu alma anhelaba.

Hoy es más importante que nunca que podamos romper nuestras creencias limitantes. Estas nos invaden por todas partes. Vemos en las redes sociales personas que hacen cosas increíbles y pensamos que son fáciles de lograr. Lo intentamos y nos frustramos si no nos sale a la primera. Vemos a personas con negocios exitosos e intentamos hacer algo parecido, solo para darnos cuenta de que no es tan fácil como parece. Es necesario entender que la vida no es fácil, que todo está al otro lado del esfuerzo. Que la batalla de la vida no se gana en un día, sino en el día a día. Hoy que todo parece fácil, es más importante que nunca entender el concepto de lucha.

"LO QUE PENSAMOS Y SENTIMOS MUEVE NUESTROS PIES, PERO LO QUE CREEMOS MUEVE NUESTRA ALMA".

Yo también me frustraba muchas veces cuando no me salían las cosas como quería (y aun lo hago). Se me hacía fácil dejarlo y decir: "yo no soy bueno para esto". Pero con los años he aprendido algo: no se trata de que yo no soy bueno para eso, sino que simplemente no he pagado el precio para aprenderlo, y más aún para dominarlo. Por eso las palabras de Miyamoto Musashi siguen ardiendo dentro de mí: "Mil horas para aprender, diez mil horas para pulir". Mi mente me hacía creer que yo no era bueno para muchas cosas, por eso renunciar se me hacía muy fácil. Y así se escapaba fácilmente la plenitud de mi vida. Pero cuando mi mente cambió y entendí que para alcanzar cualquier cima hay que luchar, la plenitud también regresó. Las cosas fáciles desaparecen en un instante, pero las cosas que nos cuestan sangre duran para siempre en nuestra mente.

La reflexión es un arma en las manos de la persona que la utiliza. Nos ayuda a cuestionarnos el pasado, reinterpretar el presente e imaginar el futuro. En la peculiar historia que mencione anteriormente de El principio después del final, el Rey Grey regresa a la vida como un niño llamado Arthur. Lo interesante es que recuerda su vida pasada, lo que le permite ser un genio en el tiempo en el que vive ahora. Lo que le da esa genialidad es su constante capacidad de reflexión. Las preguntas en su mente se convierten en las armas para enfrentar el presente. Es fácil dar todo por sentado y olvidarnos de reflexionar; pero quien busca mejorar necesita reflexionar. Cuando reflexionar sea una práctica diaria, elevarás tu perspectiva y, con ello, se elevará toda tu vida.

Entender nuestras creencias nos hace guerreros más fuertes. He trabajado con libros por más de veinte años. He conocido autores increíbles que muchas veces tenían una visión del mundo mucho más grande que la mía, y sus convicciones sobre lo que querían escribir tenían una fuerza magnética que nos atraía a creer en el mensaje de ese libro. Después de conocer tantas personas fascinantes, son incontables las veces que he tenido que cuestionar mis creencias y hasta cambiar de opinión. Pero después de pensarlas con profundidad, algunas se han vuelto el ancla de mi vida. Otras he tenido que dejarlas atrás, porque no me sirven para convertirme en quien sé que fui creado para ser.

Al final todos necesitamos tener creencias firmes que echen raíces fuertes. Esto nos ayudará a permanecer de pie cuando tengamos que enfrentar las tormentas de la vida. No importa si llegué a la misma conclusión o no. Lo que importa es que ahora mis convicciones son más fuertes, porque me las pude cuestionar. Por eso las palabras de Sócrates son tan importantes: "Una vida no examinada no vale la pena ser vivida". Pero una vida examinada nos da convicciones fuertes. Y las convicciones fuertes convierten a personas comunes… en guerreros extraordinarios.

Así como nuestras creencias pueden ser peligrosas, también pueden ser poderosas. Aquello que creemos tiene la capacidad de limitarnos o de impulsarnos. La decisión es nuestra. El poder para luchar proviene de nuestra capacidad para reflexionar, para entender el mundo e intentar entendernos a nosotros mismos. Cada uno de nosotros debe tener sus creencias guías. Estas creencias son aquellas que moldean nuestra vida, las que determinan por qué hacemos lo que hacemos. A simple vista, podemos creer que actuamos por lógica o por razones prácticas, cuando en realidad lo hacemos movidos por convicciones internas que no siempre hemos identificado. Entender cuáles son nuestras creencias guías no es solo vital… es fundamental, porque son la esencia misma de nuestra identidad. Las creencias guías definen la dirección de nuestra historia. Saber claramente qué creencias guían mi vida me da la fortaleza para luchar y el valor para intentar.

Dios nos creó a cada uno de nosotros con todo el potencial para conquistar cualquier sueño. Estoy convencido de eso. Sin embargo, aunque hay potencial dentro de todo ser humano, lo que más necesita transformarse es nuestra mentalidad. De nada sirve creer que nacimos para más si no somos capaces de luchar por más. Uno de los pasajes más impactantes para mí del Antiguo Testamento, está en Isaías 55:8-9:

Mis pensamientos no se parecen en nada a sus pensamientos —dice el Señor—,
y mis caminos están muy por encima de lo que pudieran imaginarse.

*Pues así como los cielos están más altos que la tierra,
así mis caminos están más altos que sus caminos,
y mis pensamientos, más altos que sus pensamientos.*

Esta es mi convicción personal: fuimos creados por Dios con un gran futuro por delante. Y mientras mi narrativa interior vea problemas, mi mente debe creer que hay soluciones. Fui creado por un Dios cuyos pensamientos son más altos que los míos. Y sin importar cuán grande yo pueda soñar, nunca llegaré a imaginar todo lo que Él tiene preparado para mí. El hecho de que mi mente no lo comprenda, y que mi corazón no lo entienda, no significa que mi alma no deba encenderse para luchar por un futuro más grande del que ahora mismo puedo imaginar. Esa es una de mis mayores convicciones.

Mi meta es ayudarte a encender tu fuego interior para que puedas alcanzar todo lo que está en tu imaginación. Que puedas vencer la sensación de que nunca llegarás, de que sin importar cuánto te esfuerces, no lo lograrás. Es por eso que es tan importante tener creencias que guían tu vida.

¿Cuáles son tus creencias guías?

No es necesario cuestionarlo todo para vivir una gran vida, pero sí es necesario tener claras cuáles son las creencias que estás siguiendo. Tus creencias encienden tu mente, tu corazón… y sobre todo, tu alma.

Cuando tu alma esté encendida también lo estará tu vida. Y los obstáculos no permanecerán… ¡arderán cuando tú los atravieses!

AQUELLO QUE
CREEMOS TIENE
LA CAPACIDAD DE
LIMITARNOS O DE
IMPULSARNOS.
LA DECISIÓN
ES NUESTRA.

EPÍLOGO

Las grandes historias no solamente te inspiran, sino que te encuentran donde estás. Hubo una escena que encendió mi corazón de tal manera que fue la chispa que me invitó a meditar en el espíritu guerrero. Fue mientras veía *Kingdom*, una de esas series de anime que hablaron mi lenguaje porque toca los temas que más me apasionan: la estrategia de guerra, el liderazgo de los generales en batalla y el camino de Xin para convertirse en un gran general.

En uno de los peores momentos de batalla, la unidad Fei Xin se encuentra completamente desmoralizada. Parecía que el enemigo los tenía totalmente rodeados. Sin embargo, en esos precisos instantes, Xin se lanza al frente mientras les grita a sus hombres: "Hubo una vez un hombre asombroso: Wang Yi. Siempre que iba al frente, sus tropas detrás de él se convertían en fieras con diez veces más su fuerza habitual. Ese es el poder de un gran general. Si están teniendo problemas, solamente miren mi espalda y peleen. Miren solamente mi espalda y síganme".

Después de esas palabras, su unidad se encendió en fuego. Dejaron de ser simples soldados y se convirtieron en fieras. Xin, con la mirada firme y el alma ardiendo, los llevó a gritar: "¡Hacia adelante, Fei Xin Force!".

Esa escena me marcó. Fue la inspiración inicial para escribir este libro. Porque detrás de esas palabras hay una verdad profunda: la simple presencia de un gran general puede inspirar a sus soldados a luchar con diez veces más de su fuerza habitual.

Inmediatamente recordé momentos donde las palabras de grandes escritores y oradores cambiaron mi vida. Donde frases, aparentemente simples, me dieron la fuerza para volver a levantarme. Pero más allá de recibir inspiración de otros, me confronté con una pregunta aún más difícil:

¿Cómo puedo dejar de ser un soldado en la guerra de la vida y convertirme en un gran general? ¿Cómo puedo yo mismo inspirarme de tal manera que mi espíritu se encienda y pueda luchar con diez veces más de mis fuerzas?

Este libro es el resultado de ese viaje: de intentar dejar de vivir esperando que alguien más me encienda, y en cambio convertirme en alguien que inspira a otros. Porque un corazón en fuego no solo arde por sí mismo... enciende a toda la humanidad.

Ese espíritu guerrero también vive en ti.

Uno de los versos más épicos de las Escrituras se encuentra en la segunda carta a Timoteo: "Porque no nos ha dado Dios espíritu de cobardía, sino de poder, de amor y de dominio propio".[19] Ese espíritu de poder está dentro de ti. Solo espera a que lo enciendas y trasciendas.

El día que enciendas tu espíritu será el día en que enciendas tu vida. La vida entera está esperando que te conviertas en el guerrero que naciste para ser.

Mi oración es que hoy sea ese día: que empieces a vivir con intensidad en tu mirada y con fuego en tu alma. Recuerda que un verdadero guerrero nunca muere apagado, muere ardiendo. Cuando un hombre pierde su espíritu lo ha perdido todo. Pero cuando mantiene su espíritu encendido, aun en medio de la tragedia, no ha sido derrotado. Siempre hay esperanza para aquellos que nunca se rinden. Y no importa cuán duro la vida te golpee: si no pierdes tu voluntad de luchar, nunca perderás.

---

19. 2 Timoteo 1:7 (LBLA)

AGRADECIMIENTOS

Isabela

No existe en ningún idioma una palabra que pueda describir lo agradecido que estoy por quien eres en mi vida y por todo lo que haces por mí. Tan solo puedo decir gracias, y aunque es una palabra simple, la digo con todo mi corazón. Gracias por amarme siempre. Sin ti no existiría este libro: tú me inspiras a ser mejor y a dar todo de mí. Las vidas que este libro cambie serán gracias a ti.

Lucas

Tu voz en mi vida enciende mi alma. Sé que no son fáciles los sacrificios que haces, gracias por estar a mi lado y por ser mi hijo. Estoy orgulloso de ti, recuerda eso siempre.

Bruno

Tus latidos le dan luz a mi vida. Llegaste y contigo la esperanza de un nuevo y mejor futuro. Las líneas de este libro más cercanas a mi corazón las escribí para ti. Gracias.

Mis padres, Jimmy y Aída

Gracias por prestarme un poco de su fuerza. Su ejemplo de lucha es mi ejemplo de la vida que quiero vivir.

Rossana

Tu valor para enfrentar la vida y tu preocupación y cuidado por las personas que amas es una de mis mayores inspiraciones. Espero algún día poder ser más como tú. Gracias, hermanita.

Diego

Gracias por cuidar de tu familia como lo haces. Te agradezco con mi vida.

Ma Gracia

Tu dulzura va delante de ti, nunca pierdas esa linda cualidad. Tú pintas el mundo con tu color.

Victoria

Que tu sonrisa y sagacidad no se pierdan. Tú no naciste para encajar, naciste para destacar.

Juan Manuel

Ves el mundo de manera diferente. Tienes la mirada de un genio y un corazón tierno. Podrás vencer cualquier obstáculo que la vida ponga en tu camino. Gracias por ser tú.

Vero

Un verdadero guerrero es alguien que ve una necesidad y lucha por ayudar. Tú encarnas la palabra guerrera. Te admiro siempre.

Carlos

Gracias por ser un padre ejemplar y por estar siempre dispuesto a ayudar. Estoy agradecido por tu vida.

Amelia

El potencial que Dios puso dentro de ti no tiene límites. Sueña en grande porque no habrá nada que no puedas alcanzar.

Santiago

Eres un caballero, y estoy seguro de que en la vida también serás un gran guerrero. Tienes un espíritu fuerte: no te rindas ante nada.

Sofi

Que tu sonrisa y tu dulzura sean eternas. Eres una niña muy inteligente, y tu tío está orgulloso de ti.

Claudio

Gracias, ñaño, por tu ejemplo de valentía, lealtad y hermandad. Tu vida cambió mi vida. Gracias por impulsar mis sueños y por creer en mí.

Jimena

Gracias por ser mi familia. Me acogieron como uno más de la casa y eso no lo olvidaré jamás.

Luca, Mateo y Anna

Sus padres son especiales, pero también lo son ustedes. Gracias por su cariño siempre.

Henry

Tus insaciables ganas de aprender son un ejemplo para todos quienes te conocemos. Gracias por vivir con intensidad y, sobre todo, por ayudarme a mejorar el mensaje de este libro.

Pablo

Gracias por tu creatividad y paciencia. Eres un genio y es un honor poder trabajar contigo.

Débora

Gracias por todo tu trabajo. Todo lo que tocan tus manos es mejor.

Cuki

Gracias por poner tus habilidades a disposición de este libro. Soy fan de todo tu trabajo.

Finalmente, gracias Dios

Por cambiar mi vida, por inspirarme, por rescatarme, por fortalecerme. Es por ti que respiro y es por ti que escribo. Gracias por la vida y por la familia que me regalaste.

CUANDO TU ALMA
ESTÉ ENCENDIDA
TAMBIÉN LO ESTARÁ
TU VIDA. Y LOS
OBSTÁCULOS NO
PERMANECERÁN...
¡ARDERÁN CUANDO
TÚ LOS ATRAVIESES!